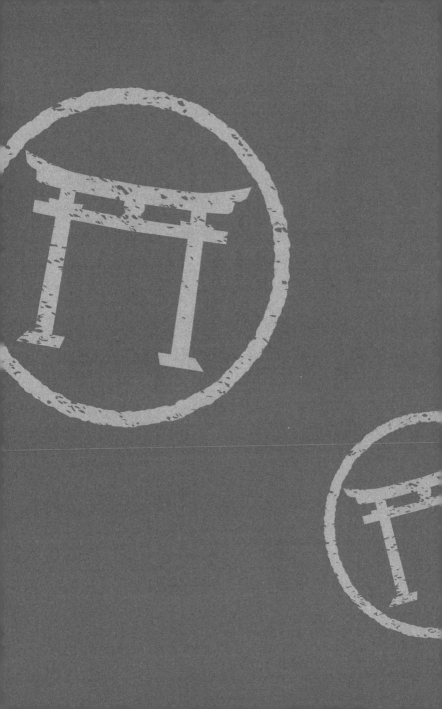

神さまと友達になる旅

荒川祐二

アメノコヤネ

ハクトシン

クシナダヒメ

スセリヒメ

ヌナカワヒメ

オオクニヌシ

ツクヨミ

ニニギ

コトハナサクヤヒメ

イワナガヒメ

タケミカヅチ

オオモノヌシ

アメノウズメ

サルタヒコ

ナカツツ／ウワノツツ／ソコツツ

オオヤマツミ

タヂカラヲ

オオヤビコ

イザナミ　　　　　　イザナギ

オモイカネ

スクナヒコナ

イチキシマヒメ
タギツヒメ
タゴリヒメ

クエヒコ

主な登場人物（神）の紹介

荒川祐二（以下：あ）
この本の著者であり、物語の主人公。
31歳（2018年1月現在）。職業作家だが、出す本、出す本すべてがまったく売れず、出版社さんから「もう君の本は出せない」と戦力外通告までされる。そんななか出会った、「スサノオ」を名乗る神との出会いによって人生が大激変。2017年夏、スサノオに教えられてきた神々の実際の姿や、古事記に登場する神々の実際の姿を求めて、『神さまと友達になる旅』を開始。

スサノオ（以下：ス）
2017年4月28日、突如荒川祐二の家に棲みついた。日本の神話（古事記）上での怪物ヤマタノオロチを倒した「伝説の三貴神」。自分のことをイケメン爆発と自称し、一見ワガママで口うるさくて、子どもっぽくて雑でありながらも、所々に深い「愛」や「優しさ」を感じさせる部分を持つ。
神話上では、「英雄」、「大海原の神」、「成長する神」として記されているが、この旅でその正体が明らかになる…？

龍神 小春
スサノオさんと出会って日々を過ごすなかで、「龍神のパワースポット」江ノ島に行ったときについてきた龍神の赤ちゃん。荒川祐二の魂の成長に連動して、成長していくという変わった龍神。

眷属 影狼
主人である神や人の身辺を守護する狼の眷属（神の使い）。小さなトラブルや諸難を回避してくれる。ちなみに埼玉県秩父の三峯神社で御祈祷を受ければ、誰でもお借りすることができる。

『神さまと友達になる旅』MAP

はじめに

皆さまはじめまして。

皆さまの人生で不思議なことが、起きたことなどありますでしょうか？

僕にはありました。

それは2017年4月28日。

本を出しても売れない。

次の作品のアイディアのためにと、細々と古事記や日本の神さまのことに関するブログを書いていても、1日のアクセスは50〜100でしかない。

そんなうだつの上がらない作家だった僕のもとに、ある日「強力な神さま」がやってきたのです。

その神さまは、いきなり僕の家にやってくるなり、

不躾にこう言いました。

自分のことを「イケメン爆発」と称する、その神の名は「スサノオノミコト」。

そう。

あの最高神アマテラス、月読（ツクヨミ）と並んで「伝説の三貴神（さんきしん）」と呼ばれる神が、本物か偽物か分かりませんが、突如として僕の家にやってきて、棲みついたのです。

そのときの押し問答はこちら。

＊ ＊ ＊ ＊ ＊

2017 年 4 月 28 日のブログより。
それは昨晩のことだった。

僕は深夜まで原稿が終わらず、カタカタカタカタカタカタカタカタ ・・・ とパソコンに向かっていた。

あ〜疲れた

そう呟いて、伸びをしたそのときだった ・・・。

おい！

誰もいるはずのない背後から聴こえる声。

ん？

声のほうへ振り返るも誰もいない。

疲れてるのかな？まぁ実際疲れてるしな。

そう思って、再びパソコンに向き合うと、

おい！

さっきよりも大きい声でもう一度聴こえてくる声。

え、マジなに？キモいんだけど。

振り返ってもやっぱり誰もいない。

あーやだやだ。幽霊とかマジ無理。マジキモ。マジウザ。今忙しいんだよ。

そう思って、イヤフォンをつけて大好きなビジュアル系の音楽をかけようとしたそのとき・・・。

おい！！

ビクゥッ！！

ちょ！？なになに！？！？！？！？！？

もう錯覚じゃなかった。確実になにかいる。僕の部屋になにかいる。いるはずないのになにかいる！！やばいやばいやばいやばい…

そ〜〜〜〜〜っと、部屋全体を見まわしてみた。

そこに、いた。マジで、いた。

２ｍ級の大男・・・。

マジ？マジで。

こんなん。

え？あんた誰？？？？？？？

大男は言う。

お前、俺のことバカにしてるやろ？

・・・。
・・・・・・。
・・・・・・・・・。
・・・・・・・・・・・・。

はい？

荒川（以下：あ）　え、えっと、なんのことでしょう？

大男は言う。

バカにしてるやろって

あ　いや、マジで、なんのこと？ってか、あんた誰？

男は僕の問いには答えず言う。

お前俺のこと、信頼０とかダメ男とか自業自得とか好き勝手言ってるやろ？

あ　あ…

その言葉と同時に背筋に流れる汗・・・。見覚えのあるこの男の姿・・・。

スサノオや。お前よぅ俺のこと好き勝手言うてくれたなぁ

思い浮かぶのは、現在ブログで連載している、自分なりに解釈した古事記の物語。

…えぇ、私そのなかで言ってますね。スサノオさまのこと。ダメ男とか。信頼０とか。思いっきり言ってましたね。

ていうか、なぜそんなあなたが僕の家にいるの？

スサノオ（以下：ス） あれ見てみぃ

言われた先を見てみると、そこには壁にかけた１枚の木札・・・。

あ あ…

ス お前、この間荒川区の素戔雄神社であれ授かったやろ

あ あっ、はい

ス　そこの神社の札授かったら、その神さまがお前の家おる
　　ぐらい普通やろ。てか、お前そのために授かったんちゃう
　　んかい

あ　あ、はい…言われてみれば…

すると、スサノオを名乗る大男はドカッと僕の部屋にあぐらをか
いて座った。

ス　お前、えらい今まで好き勝手言うてくれたなぁ。まぁ座
　　れや

そう言うと、僕はスサノオ…？の前に座らされた。

ス　正座や！正座！！

あ　は、は、はい！！すいません！！

その勢いで正座をさせられると、スサノオは僕に思いっきり顔を
近づけながら言う。

ス　どう責任取ってもらおかな～？

ス　神さまバカにしたらどうなるか分かってるん？

ス　っていうか、ワシどれぐらい有名か知ってるん？

そんなこんなの説教を２時間・・・。深夜の３時に…。

しかもその内容のほとんどが、いかに自分が凄いのか、いかに自分が有名なのか、同じことを延々と・・・。

そして、ようやく終わった話の結論は・・・？

ス　ワシ、これからここに棲むから

はぁ！？！？

あ　いやいやいやいやいや！！！！なに言ってるんすか！？！？！？ダメですって！ダメです！！

ス　なにがダメや！ダメがダメや！！！！

あ　いやだ！！

ス　いやがいやじゃ！！

あ　帰れ！！

ス　黙れ！！

そんなすったもんだを繰り返すこと30分。突如としてスサノオを名乗る男は言い放った。

ス　お前の人生変えたるから！！

あ　マジ？

ス　マジ

あ　どうやって？

ス　まぁ任せときぃや

あ　僕、スピリチュアルな能力とかまったくありませんけど？

ス　そんな怪しいもん別にいらんわ

ス　ていうかな、お前神さまのことブログで書いてるけど、な〜〜〜〜〜〜〜〜〜〜んにも神のこと分かっとらん。そこら辺も1から叩き直したる

こうして、人間界の元ダメ男と、神さま界の元ダメ男の共同生活がはじまった。
＊　＊　＊　＊　＊

…これがすべてのはじまりの物語。

そこからはじまったスサノオさんとの日々は、奇跡、奇跡、また奇跡の連続だった。

「神と人」
そんな垣根を越えて友達のように、ときに怒鳴り合い、ときに笑い合い、ときに泣き合いながら、いろんなところにも一緒に行って、そのなかでスサノオさんの教えてくれた「人生を変えるノウハウ」や「神さまの歴史や知られざる知識」を日々実践し、スサノオさんの他にもさまざまな出会ってきた神々との、そんな日常をブログに書き続けていくと、みるみるうちにブログのアクセスが急上昇。

1日50〜100しかなかったアクセスが、たった数カ月で1日5000を超すようになり、1万を超し、2万を超し、やがて1日最高5万アクセスを記録するようになり、月間のアクセスでは100万を超すようになっていった。

この本はそのスサノオさんとの出会いのなかで、2017年夏に、もっともブログのアクセスを急上昇させ、全国にたくさんの応援者を増やし、一瞬で僕の人生を変えていってくれた、『神さまと友達になる旅』の物語。

日本を代表する神話である、「古事記＝日本神話」の物語をもとに、実際にスサノオさんたちとその古事記に登場する神さまたちに出会う旅と、そのなかで記し続けた僕の成長物語。

この旅をとおして、僕は人生を変えることができた。

そしてこの旅をとおして、僕は日本の神さまの素晴らしさを知ることができた。

まだこれまで誰もやったことのない、日本全国の八百万の神さまゆかりの地を巡る旅。

そこには知られざる神さまの姿があった。人間以上に人間臭く、人間以上に人間らしく。悩んで迷って、それでも壁を乗り越え成長し、そんな一つひとつを僕らと同じように経験してきたからこそ、誰よりなにより親しみやすく、心の温かい、日本の神さまたちがそこにいた。

この素晴らしい奇跡の旅の軌跡を、皆さんにもお届けしたいと思う。

この本をとおして、神さまの真実の姿を知り、偉大、崇高、手の届かない存在と思われている、「神さま」というイメージが変わり、人と神さまの距離が少しでも縮まりますように。

そして、遥か昔の時代のように、人と神さまが友達や家族のように、あたり前にともにときを過ごしていた時代が再びやってきますように。

荒川祐二

『神さまと友達になる旅』目次

はじめに

古事記概説：ていうか、「古事記」ってなに？⋯⋯⋯⋯⋯⋯18
旅の準備　神の狼を旅の仲間にする

第一章　イザナギとイザナミの国産み
古事記概説：天地開闢〜イザナギとイザナミ〜⋯⋯⋯⋯⋯36
天地はじまりの神 造化三神に会いに行く⋯⋯⋯⋯⋯⋯38
神秘の島「沼島」に行く⋯⋯⋯⋯⋯⋯⋯⋯⋯⋯⋯⋯47
黄泉の国のイザナミに会いに行く⋯⋯⋯⋯⋯⋯⋯⋯⋯54
伝説のイザナギに会いに行く⋯⋯⋯⋯⋯⋯⋯⋯⋯⋯⋯66

第二章　アマテラスの天岩戸開き
古事記概説：アマテラスの天岩戸開き⋯⋯⋯⋯⋯⋯⋯⋯78
イケメンの住吉三神に会いに行く⋯⋯⋯⋯⋯⋯⋯⋯⋯80
かわいすぎる宗像三女神⋯⋯⋯⋯⋯⋯⋯⋯⋯⋯⋯⋯⋯93
神と魔物が棲む「天岩戸」⋯⋯⋯⋯⋯⋯⋯⋯⋯⋯⋯106
戸隠の九頭龍大神に会いに行く⋯⋯⋯⋯⋯⋯⋯⋯⋯121
怪力神「アメノタヂカラオ」⋯⋯⋯⋯⋯⋯⋯⋯⋯⋯130
今さら聞けない神社参拝の作法⋯⋯⋯⋯⋯⋯⋯⋯⋯139
笑いの神が降りてきた！！⋯⋯⋯⋯⋯⋯⋯⋯⋯⋯⋯148

第三章　スサノオのヤマタノオロチ退治

古事記概説：スサノオのヤマタノオロチ退治 160

ヤマタノオロチ伝説を行く 161

スサノオの妻クシナダ姫に会いに行く 175

日本の神社の美しさの意味 189

第四章　オオクニヌシの国づくり

古事記概説：オオクニヌシの国づくり 198

因幡の白兎に会いに行く 200

木の神オオヤビコに会いに行く 213

歌で繰り広げられる神々の恋 225

神に叱られる 235

オオモノヌシに会いに行く 245

第五章　国譲り

古事記概説：国譲り 258

高天原最強の武神 タケミカヅチ 259

強すぎた神 タケミナカタ 271

スサノオの娘 スセリ姫 280

日本史上初の王オオクニヌシの物語 293

第六章　天孫降臨

古事記概説：天孫降臨 306

アメノウズメと猿田彦 308

怒れる神 オオヤマツミに会いに行く 321

絶世の美女 コノハナノサクヤ姫 331

封印されし悲劇の女神 341

天孫ニニギあらわる！ 358

最終章　最高神アマテラス

旅の振り返り 376

伝説の三貴神「月読」 388

新たなる未来へ 403

おわりに

カバー・デザイン	三宅理子
イラスト	AYUMI
作家プロデュース	山本時嗣

古事記概説：ていうか、古事記ってなに？

旅の前に古事記についての基礎知識。

ていうか、古事記ってなに？

時は飛鳥時代。600 & 700 年代。日本各地にバラバラとあった神話や伝説をきちんとした正規の形で後の時代に遺そうということで、国（当時の大和王朝）の指示で 30 年以上かけてつくられた書物のこと。

古事記＝古い事を記した書物という意味。

中にはなにが書かれているかというと、この日本の国のはじ

まりからもっとも〜〜〜っと昔、なんなら何百億年も昔の地球が誕生する前の話から、

天地の誕生、神さまの誕生、そして初代天皇「神武天皇」から今の第125代天皇様につながるまでの系譜のはじまりの話までを記した日本最古の歴史書。

こう書くと固いが、その中身は天と地が産まれた天地開闢からはじまり、イザナギ、イザナミの国産み、誰もが一度は耳にしたことがあるアマテラスの岩戸開き、スサノオのヤマタノオロチ退治、オオクニヌシの成長物語と国づくり、天の神と地の神が戦いをした国譲り、神々のオールスター天孫降臨をはじめとして、ワガママで自分勝手で、子どもっぽくて、それでもどこか憎めない日本の神々たちが躍動する、奇想天外、破天荒な神さまたちの物語。

旅の準備　神の狼を旅の仲間にする

☆三峯神社編（埼玉）

ス 本当に…旅に…出てしまうのね…

あ あぁ…男にはな…、やらなきゃいけないときがある…

ス 私…あなたが好きっ…！

あ やめろよ…。こんな、風のような男を好きになるもんじゃあない。それに…これは禁じられた愛…。お前さんにはパートナーがいるだろう

旅の準備　神の狼を旅の仲間にする

ス でも…禁じられた愛は、私の親のイザナギとイザナミも同じ…。私の親も夫婦ではなく、兄妹だった……

あ バカ言うんじゃあない。思い出は、綺麗なままだからいい。禁断の愛と引き換えに、運命の狭間に堕ちていくことはないんだ…。さぁスサ子…、涙を拭いて…。最後の抱擁(ほうよう)だ

ス 最後の抱擁…。
祐二さん…、目を瞑(つむ)って…

ス あ・い・し・て・る…。
…チュ☆

…。
……。
………。
…………。

あ　ドアホッ！！
ス　（ビクゥッ！？）
あ　なにをさせてくれてんねん、お前は！！
ス　そんな怒鳴んなや！！あーあ！お前が旅に出る前に、いいこと教えてあげようと思ってたのに、やる気なくした！！
あーあもうイヤや！！
…と、
そんなこんながありまして…。
今朝の車のなか。

あ　で、「いいこと」ってなに？っていうか、俺たちこんな

旅の準備　神の狼を旅の仲間にする

　朝5時とか、早起きで、どこに向かってんのん？
ス　まぁ着いたら教えたるから、黙って運転せぃ。
見ると、朝が早かったからか僕についている龍神の赤ちゃん「小春」は後部座席で、可愛くいびきをかいて寝ていた。

車は綺麗な山道をとおり、都内から車で約2時間半。

関東有数の「パワースポット」、三峯神社へ到着した。

あ 「いやぁ〜壮大、壮大」って、そりゃここがいい場所だとは、聞いたことありますけど、なんでここ？

ス まぁええから、黙ってついてこい

スサノオさんに促(うなが)されて少し長い参道を歩き、本殿にてお参りを済ませる。

ス 俺たちはこれから日本全国の旅に出るやろ。強力な仲間に同行してもらうために、ここに来た

あ なに？強力な仲間？

ス お前、この神社の周辺よぅ見てみぃ

…。
……。
………。
…………。

旅の準備　神の狼を旅の仲間にする

あ　なんじゃいこれは？でかい狛犬？
ス　狼や。ここ三峯神社は日本でも珍しく、狼を「眷属(けんぞく)」にしている
※眷属。狐や龍をはじめとする神の身辺を護る「神の使い」のこと
あ　マジ！？狼！！すげぇ格好いい！！
ス　しかもな…
あ　？
ス　ここでは、その眷属の狼を、借りることができんねん

あ　まぁぁぁじっ！？なにそのゲームみたいな話！！

社務所を見ると、確かに並べられた札の中に、「眷属拝借（はいしゃく）」の文字。本当にお借りすることができるらしい…。

ス　それにしても、お前はほんまになんにも知らんねんな（笑）これぐらい、少しでも神社の知識があったら常識やぞ（笑）これから俺たちが日本全国の神々を巡る旅のなかで、数々の神社や、パワースポットと呼ばれる場所に行く。不定期に行くとはいえ、そのなかで、ときに気当たりすることもある。それにもしお前自身の調子が悪かったら、へたしたら、低級霊に憑かれることやそれが原因で、小さな災難に巻き込まれることもあるかもせーへん。それを守ってくれるのが、ここの眷属の「狼」よ

あ　マジか！！凄い！！本当にゲームみたいじゃないか！！こんな展開大好きよ

ス　まぁ低級霊なんかは、俺がおれば全然大丈夫やねんけど。もしかしたらおらん場合もあるかもせーへんやん？寝坊したとか、今日はちょっとめんどくさいとかで。小春はまだお前のことを守るとかできひんし

あ　めんどくさいとか、頼むで、ホンマに

ス　まぁそれはそれとして（笑）仲間は多いほうがいい。ってことで、「眷属拝借」行って来い

あ　はいはい〜〜

スサノオさんに促されるまま、本殿のなかでの厳粛（げんしゅく）な空気の

旅の準備　神の狼を旅の仲間にする

中、ご祈祷が行われる。そうして、手渡されたのがこちら。

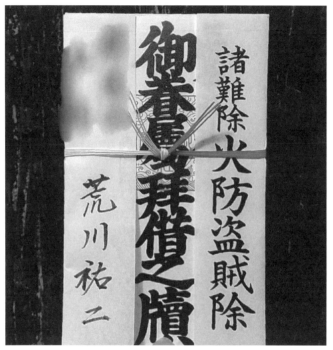

あ　か〜〜〜っこいい〜〜〜〜〜！！
ス　さて、どんな奴が来る…かな？
あ＆小春　？
ス　お！来た来た！！！！

スサノオさんがそう言うと、「ザッ、ザッ」という足音が聴こえ、振り返ると、そこには一頭の狼がジッと、こちらを見つめていた。

29

※こんな感じ

ス　よぅ、よろしくな

あ　すげぇ！本当に格好いい！！

ス　あんまりギャアギャア騒ぐな（笑）みっともない（笑）これからこいつも連れていく。たとえ気の良くないところ、なにかしら良くないものがいる場所でも、こいつを先に行かせれば追い払ってくれるわ

あ　はぇーーー。この狼さんは、ここに来ることさえできれば、どなたにでも憑いて護ってくれるということか。なんとも器の大きな話

ス　まぁ、そういうことやわな。その代わり借りてるだけやからな。役割はちゃんと果たすけど、それ以上のことはしないっていう、結構ドライなところもあるで。まぁ傭兵みたいなもんよ

そう言うと、確かに狼はこちらをジッと見つめているだけで、小春が近づいても、たわむれる気配も、僕らになつこうという感じも、まったく醸し出していなかった。

ス　まぁ、あんなもんや。でも、名前はつけたほうがいいで
あ　名前？「小春」みたいに？
ス　そらそうよ。「狼さん！」って、お前らで言うたら、「人間さん！」って呼ばれてるようなもんよ。借りるだけとはいえ、お前が暫くの間、「主人」であることに変わりはない。できるなら名前はあったほうがいい。せっかくの狼やねんから、格好いい名前をつけてやれ
あ　名前…。名前…。格好いい名前…ねぇ…

…。

……。

………。

…………。

あ　整いましたぁ！！

ス　お！！

あ　ウルフ荒川でどう？

…。

……。

………。

…………。

ス　ダッサ

あ　おいっ！！

ス　お前はそれでも作家か。このエセ作家が

見ると、狼はものすっっごい勢いで、僕のことを睨みつけて
いた。

あ　（こ、こいつ…やっぱり感情はあるんかい…）だ、誰が
　　エセ作家や！！じゃあ、あんたがつけてみぃや！！

ス　別にええけど。ほんまにええんやな

あ　ええよ

…。

……。

32

………。

…………。

ス　整いました！！

あ　おっ！！

ス　「影狼(かげろう)」でどう？

あ　（ちょっ…、ちょっと…格好いいやんけ…！！）な、なんで「影狼」…？

ス　これからお前のことを、「影の存在」として支えてくれるんやろ？そこから取って「影狼」

見ると、狼は満足そうに頷いていた。と、同時に心なしか少しだけ優しい表情で、プカプカ浮かぶ、小春を見つめているような気がした。

あ　な、なるほどいいじゃないか！「影狼」！「影狼」で決定！！よろしくね、影狼！！

そう言うと、影狼はゆっくりと立ち上がり、僕らのほうに近寄って来た。行動をともにする準備ができたみたいだった。

ス　狼は「大神」。偉大なる神の化身でもあるとされている。従えるにしても、くれぐれも失礼のないようにな

「影狼」という頼れる仲間を従えて、これから僕らの『神さまと友達になる旅』がはじまる。

□■□■□
今回登場した神社の紹介
三峯神社
所在地：埼玉県秩父市三峰 298-1
主祭神：イザナギ、イザナミ
交通アクセス：西武観光バス（急行バス）。山頂駐車場まで、毎日 5 往復運行。西武秩父駅（西武鉄道）出発で、三峰口駅（秩父鉄道）を経由。
□■□■□

第一章　イザナギとイザナミの国産み

☆東京大神宮編（東京）
☆沼島編（淡路島）
☆黄泉比良坂編（島根）
☆伊弉諾神宮編（兵庫）

古事記概説：天地開闢〜イザナギとイザナミ〜

この日本、いやこの地球のはじまりは、時間もなければ、音もなく、空気もなければ、光もない。

ただ「無」の世界が広がっていた。

ある日あるとき、ある瞬間に、光が闇を切り裂いて、天と地が別れ、そこに天と地を司る多数の偉大なる神々があらわれた。

その多数の神の一番最後にあらわれた二柱の神の名が、誰もが一度は聞いたことのあるイザナギとイザナミ。

偉大なる神々はこの二柱の神に、ある使命を与える。

その使命とは、まだ形を成していない地上世界に、しっかりと根の張った国土をつくり上げること。

その使命を受けてイザナギとイザナミは天上界（高天原）を飛び立って、地上界に降り立った。

幾度の失敗を繰り返しながらも、なんとかこの日本列島の大地のひな型となる国産みを成し遂げたイザナギとイザナミ。若き二柱の神は続いて、風の神や海の神、木の神、山の神など…、この大地の大いなる自然を司る多数の神々を産み落と

第一章　イザナギとイザナミの国産み

した。

…しかしその神産みの最後、火の神を産んだ際に、イザナミは陰部を大やけどして命を落とし、黄泉の国へ旅立ってしまう…。

愛するイザナミの存在を諦めきれないイザナギは、イザナミを追うように黄泉の国へ。しかしそこで見たイザナミの姿は醜悪なものへと変わり果ててしまっており、咄嗟にイザナギは逃げ出してしまう。それに怒り狂ったイザナミはイザナギの後を追う。

なんとか命からがら逃げだしたイザナギは、黄泉の国の住人となった妻イザナミに離別を告げる。

そしてかつて愛し合っていた二神は、永遠の別れを迎えることとなる…。

天地はじまりの神 造化三神に会いに行く

『神さまと友達になる旅』初日。めざすは東京大神宮。

ス　「めざすは」…ってお前、東京大神宮なんか家から30分圏内やろ（笑）偉そうに言うな（笑）

あ　まぁ、そうなんですけど（笑）あらためて、ここ（東京大神宮）のご祭神、「造化三神」とは？

ス　天地が開かれたときに、最初にあらわれた三柱(さんばしら)の神々。アメノミナカヌシ、タカミムスヒ、カミムスヒ。要はイザナギやイザナミ、俺やアマテラスたちよりもっと前、この世界のはじまりの象徴である、偉大なる三柱の神々のこと

あ　なるほど。っということで〜〜〜、その「造化三神」を祀っている、「東京大神宮」に到着〜〜♪

第一章　イザナギとイザナミの国産み

JR「飯田橋駅西口」から徒歩約3分。(近い!)僕らは造化三神が待つ、「東京大神宮」に到着した。

あ　…ていうか、あれですね…(笑)
ス　なんや?
あ　女の子ばっかり(笑)

境内に入ると、なかは女性、女性、女性…でごった返していた。そんななか、龍神と狼を連れた、謎のおっさん2人（一人と一神）。

異様。

ス 最近は東京大神宮も、すっかり「縁結びのパワースポット」になったからな。決して、悪いことではないんやけども

あ ていうか、「造化三神」という偉大なる神さまが、なん

第一章　イザナギとイザナミの国産み

で「縁結び」なんですか？

ス　まぁフツーは疑問に思うよな（笑）お前「産霊(むすひ)」っていう言葉は知ってるやろ？北欧の妖精ちゃうで

あ　それは「ムーミン」や。って、産霊＝霊（たましい）を産む。「新しい命を産みだすこと」ね

ス　そうそう。じゃあ、ここのご祭神「造化三神」とは？

あ　アメノミナカヌシ…、タカミムスヒ…、カミムスヒ…。あ…

ス　そう。「造化三神」のうちの二神の名前には、「ムスヒ」という言葉が含まれてるねん。それほど日本の神々にとって、「ムスヒ＝新しい命を産みだすこと」は、崇高なこととされている

あ　それは凄いけども、僕が聞きたいのは、そこじゃねぇずら。「ムスヒ」と「縁結び」、どう関係してるんですか？

ス　「新しい命を産み出すこと＝ムスヒ」及び、命に限らず「新しいもの」というのは、「縁」によって産まれんねん

あ　Why？

ス ちょっとは、そのない頭を使って考えろ（笑）人と人とが出会うことも、「縁」。人から有益な情報をもたらされることも、「縁」。人と力を合わせて同じ目標に向かうことも、「縁」。この世の中、すべての物事のはじまりは、結局すべて「縁」で成り立ってんねん。だから俺たち神々は、いつも口うるさく、「縁を大切にしなさいよ」って言うねん

あ なるほど。要は「新しい命や新しい物事が産みだされる（ムスヒ）、その前段階が縁やで」ということですか？

ス そういうこと。「ムスヒ（新しいものを産み出す）＝縁」であるということ。だから偉大なる「造化三神」が、「縁結びの神さま」になるということよ

あ なるほど〜〜〜

そんなこんなを話しながら、本殿にて、この旅の無事と成功を祈り、参拝。

参拝を終えてから、僕らは境内のなかにある伊勢名物「赤福餅」を食べながら、話していた。

第一章　イザナギとイザナミの国産み

あ　もう一個疑問があります

ス　なんや？

あ　造化三神のうち、タカミ「ムスヒ」、カミ「ムスヒ」は分かりました。じゃあ一番、大ボスの「アメノミナカヌシノカミ」ってなんですか？

ス　アメノミナカヌシ…かぁ…

あ　ていうか、今日は神さまと話したりできないんですか？

ス　いや実はな、「造化三神」をはじめとした、別天津神（天上界の神々「天津神」よりも、さらに上の神々の総称）に限っては、俺でも姿カタチは見えへんねん。唯一魂となり、天に還るときにだけ、会える存在とも言われている

あ　マジ？それはなぜ？

ス　お前も古事記を知ってたら、アメノミナカヌシ、造化三神たちがあらわれてからどうなったか知ってるやろ？

あ　あらわれて、すぐになにもせずに姿を消した

ス　うん（笑）まぁ言い方は悪いけど、そうやな（笑）あれはなにをあらわしているかというと…

あ　？

ス　その正体は「宇宙」じゃないかという話やねん

あ　宇宙ぅぅ～～～～？

ス　まぁ「宇宙」というものを、今の君らなりにもう少し角度を変えて言うと、「サムシンググレート」てやつ？プロレスラーちゃうで

あ　それは「ザ・グレートサスケ」や。宇宙の最高神がプロ
レスラーやったら、ワシらはなにを信じて生きていけばえ
えねん

ス　（笑）「サムシンググレート」。まぁいろんな言い方や考
え方はあるけど、直訳すると「偉大なるなにか」。この大
いなる宇宙の営みのなかで、そのすべてをコントロールし、
人智を越えた力を、発揮するものの総称やわな

あ　それが「アメノミナカヌシ」の正体だと

ス　まぁおそらくな。神である俺も見たことがないから、さ
すがに分からん。でも、あらためての話になるけど君らが
生きていくなかで、たとえ小さくても、大いなる神の采配
を感じることがあると思う。あの日、あのとき、あの人に
出会えた瞬間。救われた瞬間。乗り越えることができた瞬
間。人の手では絶対にありえない、なにかのタイミングが
重なり合った、その瞬間。それらの「縁」はすべて、アメ
ノミナカヌシの采配があり、タカミムスヒ、カミムスヒが
産み出す「縁＝ムスヒ」を、俺たち神々がさまざまな形で
つなぎ、新しい出来事や未来が拓かれていく。だからいつ
も言っている、「神々の助けは、直接願いを叶えることじゃ
なく、その願いにつながるための「縁」なんやで」、とい
うこと。そんなふうに、偉大なる「造化三神」ですら、君
たち一人ひとりの人生を、大切に見守ってくれている。だ
から、神に与えられたプレゼントである、目の前の「縁」
を大切にせなあかんねん

第一章　イザナギとイザナミの国産み

あ　なるほど…。そう言われると、一つひとつの出会いが…
　貴重に思えてきますね…

あらめて、本殿を見た。
ごった返す東京大神宮だったが、そんな一人ひとりの表情さ
え、温かく見守る「造化三神」の大きな愛が、そこにあった
ような……気がした。

ス　宇宙の最高神ですら、こんなに優しいねんから。なんの
　見返りもなく、裏表も、損得勘定もなく、ただ、ただ、「与
　えてくれる」存在やねんから。俺たち神々も、そして君ら
　人間も、気が引き締まるよな。これから、こんなふうにそ
　れぞれ神々の、真実の姿を知る旅がはじまる。一つひとつ
　の出会いを大切に、出来事に感謝して、いい旅にしような
あ　はい、ぜひ！
旅のはじまり。
「新しきものが産まれる、縁結びの聖地 東京大神宮」。
そこには、最高神たちの限りない、愛と優しさが詰まっていた。

□■□■□

今回登場した神社の紹介

東京大神宮

所在地：東京都千代田区富士見 2-4-1

祭神：天照大神(あまてらすおおみかみ)、豊受大神(とようけのおおみかみ)、天之御中主神(あめのみなかぬし)・高御産巣日神(たかみむすびのかみ)・神産巣日神(かみむすびのかみ)・倭比売命(やまとひめのみこと)

交通アクセス：JR中央総武線・地下鉄各線飯田橋駅　地下鉄各線九段下駅徒歩約5分

専用駐車場がありませんので、JRまたは地下鉄をご利用ください。

□■□■□

第一章　イザナギとイザナミの国産み

神秘の島「沼島」へ行く

古事記のなかで、イザナギとイザナミが天上界（高天原）よりこの地上界に降り立つために、まず最初に産み出した島は「オノコロ島」と言われている。その「日本最古の島 オノコロ島」と言われている島、「沼島」。

淡路島の最南端 土生港からわずか10分。船に乗った先にその島はある。

（船中の会話）
あ　ふぁぁ…。朝3時起きで早いから眠い、眠い…
ス　…ちなみに、沼島着く前に、先言っとくけど…
あ　？
ス　ここでは、イザナギとイザナミには会えへんで
あ　い！？じゃあなにしに行くのよ！？
ス　ていうかお前、最近寝不足で疲れてるやろ？そんな疲れ

た状態で神に会わせられるか。覚えとけ。これから会う神々もすべてそう。「お前」というフィルターをとおして、具現化されるんやから、お前の状態が良くなかったら、良い神々は姿をあらわさない。出て来ても、低級霊や動物霊が化けて出るぐらいのもんよ

あ　今、僕はその状態だと？

ス　とにかく心身を常にいい状態に整えろ。ここ沼島は、それに最適な場所や

そんな話をしているうちに、船は沼島に到着。港に降り立って全体を眺めると島全体がどこかキラキラと輝いているように見えた。

第一章　イザナギとイザナミの国産み

ス　この沼島はな、屋久島や沖縄の離島みたいに、精霊たちが溢れてて、動物や植物とも話ができるような、聖なる島やねん。撮る人が撮ったら、写真にオーブとかもたくさん映るわ。さて、どこに行こうかね？

あ　沼島だと、やっぱりあそこに行きたい。イザナギさんとイザナミさんが高天原から降り立って、この地に、館を建てるために打ち立てた、巨大な「天の御柱」

ス　オッケー

その「天の御柱」は、港から徒歩、約25分。島の裏側に向かって、住宅街や森の道、少し急な坂を歩いていくと、それこそ、「ドンッ」という効果音が聴こえるように高さ30メートルを超す、その奇岩「天の御柱（正式名称：上立神岩）」は、突如あらわれる。

あ　いやぁ、何度見ても凄いわ…。遠くからでも圧倒的な存在感と、圧倒的なパワー…。

ス　…ちょっと俺離れるから、お前ここで岩見つめて、パワーもらっとけ。もらい過ぎて気当たりすんなよ

あ　えっ、ちょっ…どこ行くんすか？

ス　どっか

結局、スサノオさんは本当にどこかに行ってしまい、僕ら（荒

川祐二、小春、影狼）は、「天の御柱」を臨む位置に腰を下ろす。

スサノオさんの言葉どおり、確かに「天の御柱」は凄いパワーで、ボーっと、それを遠目から見つめているだけで、頭がボワーンとしてくるような錯覚に陥る。横を見ると、気づけば、小春はまた眠っていた。（影狼はこういうときでも寝ない）次第に僕も頭がクラクラして来て…、気づけばそのまま眠りに落ちてしまった。

…。
……。
………。
…………。

どれだけの時間が経っただろうか。夢なのか、現実なのか、その境目なのか、分からない。視界と思考が真っ白ななかで、

どこからともなく、優しい声が聴こえてきた。
肩の力を抜いて、リラックス、リラックス…
その温かく、優しい言葉と陽の光に包まれて、ゆっくり目を覚ますと…。
あ まさか…イザナミ…さん…？

…。
……。
………。
…………。

あ ってお前かぃ（笑）なんやその口は。キスしようとすんな（笑）

ス （笑）どや？ゆっくりできたか？

あ おかげさまで（笑）なにか疲れが根っこから取れた感じ

ス それがパワースポットの効果ってやつよ。よっしゃ。じゃ
あ、今日はもう帰ろか

あ そうですね（笑）今から雨降るみたいだし。旅とはいえ
ただ、感じるだけでなにもしないという時間もいいもので
すね

ス それも旅の醍醐味よ

イザナギとイザナミが生んだと言われている、「日本最古の
島 オノコロ島」、沼島。

その島には、天の御柱から発せられる、雄大な力と、柔らか
い自然と生物の調和が醸し出す優しさが、広がっていた。

□■□■□

今回登場した沼島の紹介

沼島

所在地：淡路島の南 4.6km の紀伊水道北西部に浮かぶ兵庫県
南あわじ市に属する島。

交通アクセス：土生港から沼島汽船乗車。一日 10 往復。所
要時間 10 分。

□■□■□

黄泉の国のイザナミに会いに行く

深夜2時。僕らは深夜の車移動を行っていた。
向かった先は、島根県松江市東出雲町にある黄泉の国の入り口「黄泉比良坂」。

車中、スサノオさんが言う。

ス 状態はどうや？
あ おかげさまで。昨日の沼島のおかげか、本当にすこぶるいいですよ。こういうのを体感すると、あらためて本当に、パワースポットってあるんだなと思えますね
ス 今日行く「黄泉比良坂」はな、間違っても昨日みたいな、状態の悪い日に行ったらあかんねん
あ 「黄泉の国の入り口」…。国産み、神産みの過程で、イザナミさんが火の神カグツチを産んだことで、大火傷を負い、命を落とした。でもイザナギさんが、諦めきれずに、

愛するイザナミさんを追って行った場所ですね

ス　そこでどんな結末が待っているかも知らずに…な。悲しい物語よ

やがて空も白みはじめ、僕らは東出雲町揖屋に到着した。

ス　ここからは覚悟しろ。気を強く持て。その心に、入り込まれる隙間を一瞬でもつくるな

めずらしくスサノオさんが、厳しい表情と言葉でそう言った。後部座席では、ここに向かう車中からずっと、眷属（身のまわりを護る神の使い）の影狼がなにかを警戒しているのか、牙を剥きだしにして、「グルルル…」と唸り続けていた。
車は、目的地「黄泉比良坂」に到着。まだ夜が完全に明けきらないそこには、なぜか薄ピンク色の空が広がっていた。

車を降りると、金切り声のような虫の声が、うるさく耳に響いていた。

あ ここ…本当にやばいね…

ス ただでさえ、「黄泉の国の入り口」と言われている場所…。さらにそこにホラー映画の撮影や、人間たちの興味本位の心霊スポットとしての扱いが、ここを本当に、低級霊や動物霊、さらに亡くなりきれない死者の魂が集まる、「黄泉の住人の場所」にしてしまっている

かつてイザナギは、愛するイザナミを追って、黄泉の国へ行ったとき、イザナミに、「黄泉の神に許しを得てくるから、それまで私の姿を見ようとせずに、待っていてほしい」、と言われたにも関わらず、待ち切れずに見てしまった。
そして変わり果てたイザナミの姿に絶望して逃走。地上界と黄泉の世界の境界線を、千人がかりでようやく動かせるという、「千引の岩」で塞いでしまった。
それがここ、「黄泉比良坂」。
そのイザナギが塞いだ「千引の岩」のある場所へ、向かおうとすると…。

あ うわっ！！

歩みを進めるにつれ、さっきの数十倍の勢いで、まるで亡者の叫び声のように鳴き出す、虫の声。同時に、大量の小バエが僕にまとわりついた。

影狼 ガウッ！！！！

そのとき影狼が、大きな声で、周囲を一喝。

同時に、虫の鳴き声は止み、まとわりついていた小バエは、クモの子を散らすように離れていった。

ス これが低級霊のやること。お前、ほんまに俺と影狼がおって良かったな。間違っても守護神もなしで昨日みたいに疲れ果てた状態やと、へたしたら、ほんまに「黄泉の国」に引っ張られるで

あ は…、はいっ…

そして、僕らは結界を潜り、「千引の岩」の前へ。

第一章　イザナギとイザナミの国産み

しばらくそこに立って、ジッと岩を見つめていると…。
感じるのはイザナミさんの涙と悲しみ…。
そして、永遠に愛する者に出会うことのできなくなった、運命に対する嘆き…。ただ、不思議とそこに、怒りの感情は感じられなかった。そう思った、その瞬間…？

？　スサノオ…？

ふと声が聴こえた、そこには…？

ス 母ちゃん…
イザナミさんの姿がそこにあった。
あ イザ…ナミ…さん？

まさかだった。古事記の物語のなかでは、イザナミさんは、黄泉の国で醜い姿に変わってしまった。それを見たイザナギさんが、怖れをなして逃げ出したという。しかし、ここにいるイザナミさんは、どう見ても美しい。

あ ………
さまざまな思考が行き交い過ぎて、僕が茫然としていると、スサノオさんが言う。
ス 母ちゃん、遊びでも、冷やかしにも来たわけちゃうで。
　こいつ(荒川祐二)をとおして、母ちゃんの本当の姿を、知ってほしいと思ってな

第一章　イザナギとイザナミの国産み

あ　本当の姿…?

スサノオさんのその言葉に、イザナミさんは小さく微笑んだ
ように見えた。その美しい表情のまま言う。

イザナミ　スサノオ…、いつもありがとう…。お前は優しい
　子だね…

あ　あ、あの、本当の姿って…?

思わず僕が口を挟んで、スサノオさんに聞いてしまう。

ス　見てのとおりや。古事記のなかでは、イザナミは醜く変
　わり果て、そのままの伝説が、今も伝えられている。しか
　し、実際は違う。女性にとって、自分自身が「醜い」と思
　われたまま、時が過ぎ続けること…。これほど辛いことが
　あるか?

あ　じゃ、じゃあ実際の黄泉の国のイザナミさんは、醜くな
　かったということですか…?

ス　あれはイザナギの視点からの話やからな。神の世界の時
　間軸のなかで、イザナギも、確かに何十年、何千年、何万
　年という時間を、ずっと待ち続けた。そのとき、時間の経
　過とともに、イザナギの心を、「不安」、「心配」、「焦り」、
　「疑念」、ありとあらゆる、「穢れ」が心を満たしてしまった。
　その心の状態で待ち切れずに、イザナミの姿を見てしまっ
　た。ましてや「黄泉の国」という、闇の世界のなか…

あ　「イザナミを視界に映すイザナギ」という、存在そのも
　ののフィルターが穢れてしまっていたということ?

ス　そういうこと。だから自分自身の心のなかで、「醜く変

わり果てたイザナミ」をつくり上げてしまった。それで、逃走。さらにそこに「恐怖」という穢れが生まれ、必死に追ってきたイザナミを、大量の黄泉の軍勢としてしまった

イザナミ　………
ス　実際は、ただ…待っててほしかっただけやのにな…
イザナミ　うっ…うっ……
スサノオさんのその言葉と同時に、イザナミさんは顔を覆って、涙を流した…。
その姿はまるで、ただ、ただ愛する人に、別れを告げられた人間の少女のようだった…。
同時にその場に、雨が降って来た。

第一章　イザナギとイザナミの国産み

辺り一帯の空気を「悲しみ」で包む、雨だった…。
あ　ずっと…好きだったんですよね……今も…ずっと…好きなんですよね…
イザナミ　………

イザナミさんは下を向いたまま、小さくコクリと頷いた。
ますます、雨が強くなってきた…。打たれるままに、しばらくその雨に身体を浸（ひた）していると、無限に続くイザナミさんの嘆きと悲しみを、少しだけでも分かってあげられたような…、そんな気がした。

今、古事記で伝えられている神話も、間違ったものでは、決してない。
ただ神の見方は、人によって、無限にある。
おそらくイザナミさんを祀る違う神社に行けば、また違った顔を見せてくれるのだろう。ここで見るイザナミさんも、他の人が見たのなら、また違った姿を見せるのかもしれない。

ただもし、僕が再びここに来ることがあるのなら、興味本位や怖いもの見たさで来るのではなくて、そのときはまた、イザナミさんの悲しみに触れて、その悲しみを癒してあげられるような、優しい言葉を掛けてあげられたらと思う。

□■□■□
今回登場した黄泉比良坂の紹介
黄泉比良坂
所在地：島根県松江市東出雲町揖屋 2376-3
交通アクセス：JR 揖屋駅より車で 5 分（徒歩 20 分）
□■□■□

伝説のイザナギに会いに行く

今日も今日とて、海沿いの道を運転、運転。

- **ス** それにしても、なんとかならんもんかね
- **あ** なにがですか
- **ス** なんで沼島（淡路島）から、黄泉比良坂（島根）に行って、んで、また淡路島やねん
- **あ** そんなん僕に言われても（笑）古事記ゆかりのルートがそうなってるんだから、仕方ないじゃないっすか
- **ス** ちょっとはごまかせ
- **あ** 神がそういうこと言わない（笑）まぁ大阪に実家があるから、淡路島は近いからまだいいですよ（笑）

そんなこんなの会話を繰り広げながら、僕らが着いたのは、淡路島北部に位置する、淡路国一宮、「伊弉諾神宮」。

第一章　イザナギとイザナミの国産み

あ　ここのご祭神は…、もちろんイザナギさんですね…。アマテラスさん、月読さん、そしてあなた（スサノオさん）を生んだ後に、隠居して鎮まったといわれている地…
ス　そうやな

昨日のイザナミさんとの会話があったからか、スサノオさんはどこか答えることも素っ気なく、それともこの場所に来ることになにかあるのか、少し考え込んでいるような顔をしていた。

あ　それにしても、ここも凄い神秘的な場所らしいですね。全国有数の神社とも言われている、諏訪大社、出雲大社、伊勢神宮、長崎の海神神社、熊野那智大社、高千穂神社を線で結ぶと、その中心がこの伊弉諾神宮なんですってね
ス　そうらしいな…

あ　…どうしたんですか…？
ス　いや、別に
あ　……

スサノオさんのそっけない態度が少し気にはなりながらも、鳥居を潜り、美しい参道を歩いて、

広い境内の中心にそびえる、本殿の前に向かう。

第一章　イザナギとイザナミの国産み

ペコリ、ペコリ、パンパン、ペコリ（二礼二拍手一礼）
参拝を済ませた、そのときだった。
?　スサノオ…か…？
本殿の奥からゆっくり姿を見せた、一柱の男神。

イザナギさんだった…。
ス　親父…

僕が見る、はじめての親子の対面。

確か古事記では、黄泉の国から帰ったイザナギさんが、その穢れを「禊」で祓ったそのときに、アマテラス、月読、スサノオ（三貴神）が生まれた。

三貴神それぞれに、高天原、夜の世界、大海原を収めるという役割を与えたが、スサノオさんだけは「お母さんに会いたい」と泣き叫び続け、その役目を放棄。

それに激怒したイザナギさんが、スサノオさんに「出ていけ」と叱責。そして、自身もこの地（伊弉諾神宮）に隠居した。

だからこその、このスサノオさんの複雑な態度なのだろうか。

スサノオさんとイザナギ。向かい合った二柱の神が、言葉を交わす。

イザナギ　久しぶり…だな…

ス　あぁ…

…。

……。

………。

…………。

その二言だけで、会話は止まり…。沈黙の時間が流れる。

ス　……悪い。俺、ちょっと離れるわ

あ　えっ！？ちょっ！！

結局スサノオさんは振り向きもせずに、どこかに行ってしまった。
初対面のイザナギさんと残された僕。

イザナギ　お名前は…？
あ　あ！荒川祐二と…申します…。今、日本の神さまの話を書かせてもらっていて…
イザナギ　そうですか…。せっかくですし、少しお話ししましょうか
あ　あっ…、はい…ぜひっ…

そして僕らは場所を移し、小川が流れる木陰に場所を移した。

少し大きめの石に腰掛けると、イザナギさんが言う。

イザナギ　先ほどは、親子のことで変なところを見せてすみ
　ません

あ　い、いえっ…！！そんなっ…

イザナギ　………

あ　………

沈黙の時間が続きそうになった。

それにしてもイザナギさんから感じる、この少しの影はなん
だろうか…？その原因が読み取れない。

あ　あの…少し聞いてもいいですか…？

イザナギ　…なんでしょう…？

あ　仲…良くないんですか…？あの……なんて言うか…、ス
　サノオさんと…。大海原の統治を放棄したことを、まだ怒っ
　てるとか…

イザナギ　………

あ　あっ！いや、変なことを聞いてしまってすみません…。
　答えて頂かなくても大丈夫…です…

イザナギ　イザナミには…もう会われましたか…？

あ　あっ…はいっ…。昨日黄泉比良坂でスサノオさんと……

イザナギ　……そうですか……。いえ…決して私たちの関係
　は、大海原の統治うんぬんで、私が怒っているという話で
　はございません…。むしろ私が彼を叱責したそのときに、
　彼が私に返した言葉…がその理由なのです…

第一章　イザナギとイザナミの国産み

あ　その…言葉って…？

イザナギ　………

あ　もし…言いにくければ…大丈夫…です…

イザナギ　時期が来れば…、きっとあなたも…スサノオの本当の姿が分かるでしょう。そのときに彼から聞いてもらえれば、それがいいと思います

あ　…そうですか…。…分かりました…

「スサノオの本当の姿」…。はじめて聞くその言葉に、突如として疑問が僕の心に浮かぶ。

イザナギ　私はずっと自分が正しいと思っていました…。スサノオを叱責するそのときまで、ただの一度も、自分自身を疑ったことがなかった…。その過ちに、私自身の「穢れ」に、気づかせてくれたのは、彼…スサノオだった

あ　………

イザナギ　取り返しのつかない無限の後悔とは、辛く、苦しいものです。私は、それをかつて愛した妻にしてしまった。どうか皆さま一人ひとりそれぞれに、傷つけられた者の苦しみも、傷つけた者の後悔も、無きことを私はいつも祈っております。自戒の意味も込めて…ですが

あ　………

イザナギさんから感じる影の正体。

それは妻イザナミさんに対して、自分自身がしてしまったことに対する行いへの、今も終わることのない、無限の後悔なのだろうか。
そして、それをイザナギさんに気づかせることになったという、スサノオさんの言葉とは…？その真実の姿とは…？

分からない。
分からないことが多くて、今の僕では、まだ少し頭が混乱しそうだった。この旅の終わりに、僕は、その答えを知ることができるのだろうか。

ス　よっしゃ〜！帰ろか〜！！
ラーメン食うて帰るで〜！ラーメンや〜！！

戻ってきて、車に乗り込んだスサノオさんは、いつもどおりの上機嫌に戻っていた。

次に、僕らはどこに行くのか。

どの神さまに出会い、なにを知ることができるのか。楽しい日々も、笑い合える日々も、女神の悲しみの涙に触れる日々も、伝説の神の後悔を知る日々も、まだ見ぬ神との出会いを待つ日々も、『神さまと友達になる旅』は続いていく。

□■□■□
今回登場した伊弉諾神宮の紹介
伊弉諾神宮
所在地：兵庫県淡路市多賀740
主祭神：イザナギ、イザナミ
交通アクセス：高速バスで郡家または津名一宮ICまたは津名港バス停下車、淡路交通西浦線に乗り換えて伊弉諾神宮前バス停下車
□■□■□

第二章　アマテラスの天岩戸開き

☆住吉大社編（大阪）
☆厳島神社編（広島）
☆天岩戸神社編（宮崎）
☆戸隠神社編（長野）
☆枚岡神社編（大阪）

古事記概説：アマテラスの天岩戸開き

黄泉の国から命からがら、地上世界に戻って来たイザナギ。そのまま黄泉の国でついた穢れを祓うために、「筑紫の日向の橘の小門の阿波岐原」に向かい、禊を行った。

このとき、ひとつの奇跡が起こった。

イザナギが脱ぎ捨てた衣類や水で洗い落とした汚れから、多数の神々が誕生したのだ。

そのなかでイザナギが左の目を洗ったときに太陽神アマテラスが、右の目を洗ったときに月の神月読が、鼻を洗ったときに大海原の神スサノオが生まれた。

この三神を以て、三貴神と言う。

そしてイザナギはこの三貴神それぞれに、アマテラスには天上界高天原を、月読には夜の世界を、スサノオには大海原をしっかり治めることを託すと同時に、表舞台から姿を消した。

ところがスサノオだけはなにが不満なのか、黄泉の国にいる母に会いたいと大声で泣き喚くばかり。それに怒ったイザナギに叱責されると、結局義務を放棄して、姉のいる天上界高天原へ向かって行ってしまった。

アマテラスから高天原を乗っ取りに来たと疑惑をかけられながらも、潔白の証明としてなんとか清き女神を生み出し、そのまま高天原に棲みついたスサノオは、高天原の田んぼの畔を壊したり、神殿に大便を巻き散らかすなど、非行三昧を繰り返した。そして挙句の果てに皮を剥いだ馬を小屋の天井か

第二章　アマテラスの天岩戸開き

ら放り込み、一柱の女神を殺害…。

スサノオの悪行に強いショックを受けたアマテラスは、天の
岩屋と呼ばれる洞窟に閉じこもってしまい…。

そして、この世から光が失われてしまった…。

八百万の神々たちが知恵を総動員して考案した「祭り」によっ
て、見事アマテラスを救出。

この世に光は取り戻された！！

イケメンの住吉三神に会いに行く

イザナギさんとイザナミさんの地を終えて、次に僕らが向かったのは、大阪は住吉区にある、「摂津国一宮 住吉大社」。

あ 住吉大社…住吉大社…、大阪の人には「すみよっさん」っていう呼び名で、親しまれてるね
ス ほんま大阪らしい呼び名やな（笑）

鳥居を潜り、僕らが目にしたのは…？

第二章　アマテラスの天岩戸開き

あ　すごーい！！
ス　太鼓橋。またの名を、「住吉反橋」。その長さ約20メートル、高さ約4.4 m。「浪花の名橋50選」にも選ばれている。この橋を見に来るだけでも、価値があるよな
あ　本当に。なんでこんなのがつくられたんだろう？
ス　まぁ橋がある神社、ない神社もあるけど、基本的に神社に橋がある理由は、地上の人間の国と、天上にある神の国をつなぐ架け橋、と言われている
あ　はーーーなるほど。なんか素敵。ロマンチック
ス　もう一個…、ロマンティックな話したろか？
あ　（ロマン「ティ」ックって気になるな…）なんですか？
ス　別に地上と天上界をつなぐ架け橋なら、まっすぐの反ってない橋でも、十分ロマンティックやん？
あ　（ロマン「ティ」ック…）そうですね
ス　この橋が反ってる理由はな、地上と天上界を結ぶのは、「虹」と言われていたから、それの象徴でもある
あ　マジ！？確かにロマンチック！！

ス やろ！？やろ！？ロマンティックやろ！？ロマンティックやろ！？！？超ロマンティック！！

あ 「ロマンティック、ロマンティック」うるさいな！！あんたのせいでロマンティックに感じられへんわ！！って、俺もロマンティック言うてもうたわ！

…。
……。
………。
…………。

そんなこんながありながら、かなり急こう配な「太鼓橋」を渡って入った境内…。
（※実際は結構危ない。歩きスマホなんか厳禁よ。笑）

あ 広いデスネー！！
ス なんで急に日本に来た、外人みたいになんねん（笑）
あ （笑）ここのご祭神の「すみよっさん」とは…

第二章　アマテラスの天岩戸開き

ス　主には、ソコツツノオノミコト、ナカツツノオノミコト、ウワノツツノオノミコト

あ　え？え？？なんて？（笑）

ス　ソコツツノオノミコト、ナカツツノオノミコト、ウワノツツノオノミコト

あ　覚えられないっす（笑）

ス　まぁこれが日本の神さまを、日常から遠ざけている大きな原因よな（笑）神の名前が覚えにくい（笑）

あ　本当に（笑）

ス　だからまぁ、俺が言うのもなんやけど、自分が好きな神さま以外は、無理して名前を覚えようとしなくていいで

あ　それでいいのかね、本当に

ス　別にええがな。別にテストでも、受験でもないねんから、名前を覚えることが目的じゃない。それぞれが好きな神の名を覚えて、さらに興味があればそこから広げれば、それでいい

あ　確かにね

ス まぁそれはそれとして、ここの祭神はまとめて、「住吉大神（すみのえおおかみ）」、または「住吉三神」とも言われる。それがさらに大衆化して、さっき言ってた、「すみよっさん」な

あ 確認ですけど、ここのご祭神は、やっぱり兄弟なんですよね？

ス そうそう。っていうかお前、名前は覚えられんとしても、「住吉三神」のことは、ちょっとぐらい知ってるんやろな？

あ それぐらいは、ちゃんと知ってます（笑）イザナギさんが黄泉の国から帰って、自分自身についた穢れを祓うために、川で禊を行った。そのときに生まれたのが、この「住吉三神」ね

ス まぁ禊をしたのは、川とも海とも言われてるけどな。そこから、この住吉三神は「祓いの神」、または「海や航海の神」とも言われている

と、そんな会話をしながら、境内奥の本殿前へ。

第二章　アマテラスの天岩戸開き

ペコリ、ペコリ、パンパン、ペコリ。（二礼二拍手一礼）
…すると…？
?　おー！スサノオじゃないかぁ！！
明るく爽やかな声とともに、あらわれたその神々は…？

※右が長男ソコツツ、左が次男ナカツツ、真ん中が三男ウワノツツ。

※実際は他の兄弟神もいますが、表記的に分かりやすく、ここではあえて「長男、次男、三男」にしています。

ス 兄ちゃんたち！！
あ 兄ちゃん！？！？
ス せやで。なに？知らんかったの？
あ いや、知らんて！！あなたのきょうだいって、アマテラスさんとツクヨミさんだけと思ってたし！！
ス アマテラスもツクヨミも、住吉三神も俺も、同じイザナギが禊したときに、生まれてるんやけど？
あ そう言われたら、そうやん！！（衝撃）

長男ソコツツ　いやー！久しぶりだなぁ！スサノオ！！

第二章　アマテラスの天岩戸開き

次男ナカツツ　相変わらず元気そうだな

三男ウワノツツ　お前は見てるだけで、元気が出るな

ス　兄ちゃん！！兄ちゃんたち！！俺こそ久しぶりに会えて
　うれしい！！

めずらしくスサノオさんは、無邪気な弟の表情を見せて、住
吉三神のほうに飛びついていった。

長男ソコツツ　やめろやめろ！お前はデカいから危ないんだ
　よ！（笑）

次男ナカツツ　ハハッ！ハハハハッ！！

三男ウワノツツ　いいじゃん、いいじゃん！久しぶりなんだ
　から！！

その光景を見ていると、「住吉三神」は海の男たちというこ
ともあってか、どこまでも明るく爽やかで、透きとおった青
空のような、気持ちよさを感じさせる神々だった。

ス　いやぁ兄ちゃんたち、本当に大好き。この爽快さと、裏
　表のない明るさがたまらんねん

長男ソコツツ　明るさは、お前に言われたくないよ（笑）

あ　あ、あの〜…

ス　お、どうした？爽やかとはほど遠い、脂ぎった薄らハゲ

あ　それは、ちょっと言い過ぎやろ（真顔）おひとつお伺い
　してもよろしいでしょうか〜…？

長男ソコツツ　お？スサノオのお友達ですか？どうされまし
　た？

あ　あ、ど、どうも。そうです、スサノオさんのマブダチの荒川祐二と申します…

ス　誰がマブダチや。主従関係や。当然、俺が「主」な

あ　それはそれとして、どうしてお兄さん方は侍の格好を？

長男ソコツツ　あー！これですか！！これはただの趣味です（笑）

あ　神さまでも趣味とかあるんですね（笑）

ス　兄ちゃんらは、「祓いの神」やろ？祓いの儀式は、大幣（白木の棒の先に雷状の紙が垂れ下がったもの）、を使って神主さんが、君らが下げた頭に、シャッシャッと振るのが一般的やけど、刀や鈴を使うこともあるからな

長男ソコツツ　それでつい服装までハマってしまい…（笑）

あ　見た目が、侍みたいになったってわけですね（笑）少年みたいで、可愛い（笑）それにしてもお三方とも、イケメン

ス　なんと言っても、海の男たちやからな。っていうかせっかくやし、お前も兄ちゃんたちに祓ってもらえ

あ　え！？いいの！？！？

長男ソコツツ　承りましょう

次男ナカツツ　俺たちの姿が見える人間を祓うのは、久しぶりだな

三男ウワノツツ　よし、やろう

その言葉とともに、僕らは本殿裏手に場所を移動して、「住吉三神」が僕を中心に、輪をつくるように立つ。

第二章　アマテラスの天岩戸開き

長男ソコノツツ　それでは、目を瞑って…。意識を自分自身の内側…、魂に集中して…

チリン、チリーン…。
すると、三男ウワノツツの立つ方向から、鈴の音が聴こえ…。
その音色を聴いていると、心がスーッと落ち着いてきた…
シャッ、シャッ、シャッ…。
次に、次男ナカツツが、僕の頭上で大幣を振ってくれたのを感じると…、余計な思考がピタッととまり、頭のなかがクリアになる。
最後に…、ヒュンッ、ヒュンッ…、ヒュンッ！！
長男ソコツツが、僕の身体周辺を刀を振って、祓う。
その瞬間、僕の全身にフワッと空気が流れ、鳥肌とともに、爽快感が全身を駆け巡った。

あ　うわ…、なんか……す、凄い…

同時に聴こえてくる虫の声、鳥の鳴き声、見えてくる雲の動きに、空の青。

長男ソコツツ　こういった自然の営みを愛でることができる、心の状態…。それこそが本来の貴方さま自身…
次男ナカツツ　その人間本来の状態に戻すのが、「祓い」…
三男ウワノツツ　我らは祓いの神…「住吉三神」なり…

…。
……。
………。
…………。

あ　決め台詞まで格好いいじゃねぇか！！
ス　だから、兄ちゃんたちは格好いいねんって
あ　なにかあらためて体感して、「祓い」ってものが分かった気がします
長男ソコツツ　まぁここまで特別なことはしなくても、鳥居を潜ることも、そこの橋を渡ることも、神社のなかの木陰を歩くことも、ゆっくり深呼吸することも、神社に来ることは、すべて本来の素晴らしい自分に戻るための、「祓い」のためですから（笑）悪縁を断ち切ることもそう。なにか上手くいかないという、心の曇りを取り去るのもそう。見失ってしまった、本来の自分自身を見つめ直すのもそう。すべての元凶となる穢れを、ここで祓ってください。もし

第二章　アマテラスの天岩戸開き

よかったら次は、ここの神職さんに御祈祷などもしてもらってください。決して我々のように、鈴や刀は使いませんが（笑）

あ　あ、ありがとうございます…

住吉三神　またいつでもいらしてください

そうして、ニコッと笑って、折り目正しく挨拶をしてくれた、「住吉三神」は、今の言葉であえて軽く言うなら、まさしく「イケメン三兄弟」だった。

境内を出てからの帰り道…。

あ　ん〜！！素敵な神さまたちだった〜！！あれは、絶対女性人気出るね（笑）

ス　他の神やったらムカつくけど、兄ちゃんたちやったらいいわ

あ　僕実家が大阪なんですけど、今まであんまり「住吉大社」来なかったんですよね。また来よう

ス　イケメン三兄弟が待ってるからな

□■□■□
今回登場した住吉大社の紹介
住吉大社
所在地：大阪府大阪市住吉区住吉 2-9-89
祭神：底筒男命、中筒男命、表筒男命、神功皇后
交通アクセス：南海電気鉄道（南海電車）南海本線 住吉大社駅（徒歩3分）
□■□■□

第二章　アマテラスの天岩戸開き

かわいすぎる宗像三女神
日本三景 安芸の宮島に鎮座する、ここ安芸国(あきのくに)一宮 厳島神社。

あ　いや〜！宮島！来ました、宮島！厳島神社！！
ス　ほんっっっっっっっま！！ここはいつ来ても、ビックリするぐらい綺麗よな

あ いや、もう本当に。世界遺産だから、十分に知りつくされている場所ではあるんですけどそれを覆(くつがえ)すぐらい、素晴らしすぎる…

ス 「神を斎(いつ)き祀る島」と書いて、「厳島」。ここは島自体がご神体やからな

第二章　アマテラスの天岩戸開き

あ　はえーーー。そうなんだ。だからこんなに島全体が神々しいのね。

精霊もいっぱいいそうだね

有名な海上大鳥居の下で写真を撮り、振り向くとそこには美しい厳島神社の全体が一望できた。

あ …もう…、本当に…感動で…言葉がないね…。神社巡り…はじめて良かった…

そして、本殿へと向かう。

第二章　アマテラスの天岩戸開き

ペコリ、ペコリ、パンパン、ペコリ。（二礼二拍手一礼）
参拝を終えて、海に向かった平舞台から、再び大鳥居を眺めていたそのときだった。

?　お父さ〜ん！！
あ　？

可愛らしい女の子たちの声に振り向くと、そこには…？

※上からイチキシマヒメ、タギツヒメ、タゴリヒメの三姉妹。

厳島神社のご祭神、「宗像三女神（むなかたさんじょしん）」、イチキシマヒメ、タギツヒメ、タゴリヒメが、愛くるしさいっぱいに、その姿をあらわした。

あ　はーーー…

ついその愛くるしさに、心を奪われていると…。

…。

……。

………。

…………。

あ　…って、お父さん！？！？！？

ス　ん？なにか？？

あ　あなた…、昨日の「住吉三神」の弟であることに続いて、「宗像三女神」のお父さんなの！？

ス　いや、そうですけど。高天原でアマテラスに俺が「高天原を奪いに来た！」って疑われて、その身の潔白を証明するための、誓約（うけい）（古代の占い）をしたときに、生まれたのが、宗像三女神。だから、こいつらは俺の娘。それが、なにか？

あ　イザナギとイザナミの息子であり、アマテラス、月読、住吉三神の弟であり、宗像三女神の父であり、オオクニヌシの義理の父…。あなた、実は凄いのね…

ス　「実は」ってなんじゃ。ワシャ、ずっと凄いわ

第二章　アマテラスの天岩戸開き

イチキシマヒメ　お父さん、久しぶり〜☆
タギツヒメ　わ〜お父さんだ〜♪
タゴリヒメ　お父さん、お父さん★

久しぶりに大好きなお父さんに会えた娘そのままに、「宗像三女神」は、スサノオさんのまわりに集まって来た。

ス　お〜〜！！お前ら、相変わらず可愛いな〜！！みんなちゃんと仲良くしてるか？
イチキシマヒメ　うん♪お父さんの言いつけ守って♪
タギツヒメ　自分たちだけじゃなくて、ちゃんとここ（宮島）も守ってるんだよ☆
タゴリヒメ　えらい？ねぇねぇ、お父さん私たちえらい？
ス　そうかそうか。えらい、えらい。賢いな、お前たちは

宗像三女神と話すスサノオさんのその顔は、いつもの豪快でバカっぽい表情と違い、父親の顔をしていた。

ス　誰が豪快なバカや
あ　（笑）
イチキシマヒメ　ねぇ、お父さんこの人誰ー？
タギツヒメ　えー！なにー？臭ーい！！
タゴリヒメ　キモーい！！
あ　親子の血は争えまへんな！！！！
ス　よくぞ言った、我が娘たち（笑）この人はね、欲望と穢

れにまみれたハゲ頭でね、それでもなんとか幸せになりた
いと必死にもがいている、鼻くそみたいな男だよ

宗像三女神　えー！！なんかかわいそー！！でも、やっぱり
ちょっとキモーい！！

あ　誰が鼻くそや。ってあんたも、イザナギさんが鼻を洗っ
たときに出てきたんやから、あんたも鼻くそみたいなもん
やないかい

ス　なんやと、こら！！

あ　こっちのセリフじゃ！！

…っと僕らが、怒鳴りあいをはじめようとしたそのとき…。

イチキシマヒメ　あー！でも、この子は可愛い〜♪

タギツヒメ　本当に〜☆

タゴリヒメ　赤ちゃん、赤ちゃん＾＾龍の赤ちゃん

宗像三女神は、龍神小春を抱きかかえて、可愛がりはじめた。

イチキシマヒメ　この子だったら、あそこに連れて行ってあ
げるのがいいね〜♪

あ　あそこ？

そうして宗像三女神に連れられて向かったのは、参拝順路出
口を出て、すぐのところ。そこには…？

第二章　アマテラスの天岩戸開き

タギツヒメ　ほら〜☆ここ龍神、龍神〜☆
あ　うわ〜、本当ですね〜
ス　目こらして、よう見てみ
あ　？
…。
……。
………。
…………。

あ うおっ！！

ス 島は龍が棲みやすいからな。特に島自体が、ご神体の宮島ならなおさらよ

あ …でも…

ス ん？

あ なにか一匹、変なんいましたよね…？右下のほう…

ス 一匹……トカゲ、混ざってたよな…（笑）まぁ細かいことは気にすんな…

結局、小春もたくさんの龍神に囲まれて、元気いっぱい。

その後…。

ス いやぁそれにしても、お前ら、ちゃんとこの場所を大切に守ってくれているんやな。俺は本当にうれしい

イチキシマヒメ だって、お父さんが「みんな仲良く」って言うから

タギツヒメ それが私たちの役目だもん☆

タゴリヒメ うん、うん

ス ちなみに、こいつらの凄いところはな…

あ ？
ス 「仲良く」の幅が、とんでもないところやねん
あ どういうこと？
ス 見てみ

そうしてスサノオさんが指差した、そこには…？

あ 不動明王…。神さまじゃなくて、仏さま…
ス そうそう。自分らあたり前になってるかもせーへんけど、世界的に見たら、他の宗教の神や仏同士が、併設されているってのは、ありえへんねんって
あ あー、言われて見たら、確かにそうかも。イスラム教とキリスト教が、一緒の敷地にあるとか聞いたことない
ス まぁこうして神社と寺が併設されているのは、他の全国の神社仏閣でもあるにはあるんやけど、これを世界遺産であるこの場所で、こいつらがやってくれていることに価値がある
あ 確かに…そうですよね…。「みんな仲良く」…ってこと

ですか…

ス　だから、その幅がとんでもないやろ?

あ　確かにそうですね(笑)凄すぎる(笑)

言われて見れば、この場所では、宗教に限らず、世界中の人が訪れて感動し、お互いが文化を越えて触れ合い、家族が来てたくさんの楽しい思い出をつくり、恋人同士が愛を育んでいた。

いつまでもみんなが仲良く、家族、恋人、友達同士、そして国境すらも越えて、そんな輪が広がり、いつの日か世界中が平和であるために。ここ宮島に、この広島の地にこそ、この場所がある意味はあるのかなと、そんな気がした。

それにしても…?

あ　そんな素晴らしい神々に僕は「臭い」とか「キモい」とか、言われたわけですね

ス　世界の平和を願う、崇高な神の基準すらからも、お前は外れてるということやわな

あ　むしろ、逆に光栄な気がしてきましたわ

イチキシマヒメ　えーー、崇高とか言われてもー、私たちは、お父さんに言われたことを、ただ守ってるだけなんだけどー

タゴリヒメ　なにも特別なことなんかしてないしー☆

タギツヒメ　ねー★

あ　話してるときは、そこら辺のギャルみたいなのに(笑)

宗像三女神　いやー！キモーぃ！（僕から逃げる）

あ　くぉらっ！！！！世界に優しくする前に、俺に優しく
　せぃや！！

宗像三女神　イヤァァァァ！！

ス　（笑）

あ　お前も笑ってんと、娘の教育ちゃんとせぇや！！

ス　お前、神に向かって、なんちゅう言い草じゃ！！

あ　うるさいわ！！

□■□■□

今回登場した厳島神社の紹介

厳島神社

所在地：広島県廿日市市宮島町 1-1

祭神：市杵島姫命、田心姫命、湍津姫命

交通アクセス：宮島口桟橋から宮島（宮島桟橋）までフェリー
利用。宮島桟橋から拝観入口までは徒歩約 10 分。JR 西日本
宮島フェリー 宮島航路（乗船時間約 10 分）

□■□■□

神と魔物が棲む「天岩戸」

神話が息づく町。宮崎県高千穂町。
次に僕らはそこにいた。

あ イザナギ、イザナミ、住吉三神、宗像三女神を終えて、次の古事記ゆかりの地は…、宮崎県ですか

ス なんや、その不服そうな顔は?

あ 遠い

ス しゃあないがな(笑)俺たちだけやったらパッと行けるのに、お前が人間やから悪い

あ まぁそうなんですけど〜〜

そんなことをブツブツ言いながら、高千穂町に僕らは到着した。

第二章　アマテラスの天岩戸開き

あ　僕、実はここ2回目なんですよ
ス　あ、そうなん？じゃあこれも見たことあるやろ？
スサノオさんが指さした、そこには…？

あ　アメノタヂカラヲ…さんですね。
ス　そう。どんな神か知ってるか？
あ　あなた（スサノオ）が、高天原でしでかした横暴に、怒ったアマテラスさんが洞窟のなかに閉じこもってしまった。
ス　俺がしでかした横暴って言い方、やめろや（笑）
あ　（笑）とにかく、それをなんとかしようと、知恵の神 オモイカネをはじめとした、八百万の神々が会議をした場所が、ここ天岩戸神社にある、「天安河原」。
そのとき、アマテラスさんが閉じこもっていた、洞窟を塞い

でいた大岩を投げ飛ばした神…、それがこのアメノタヂカラヲ…さん

ス 正解。それでは副賞に、「実際にアメノタヂカラヲに投げ飛ばされてみよう旅行」のプレゼントです！

あ やめろ(笑)だってこの人(神)、この岩を宮崎から長野(戸隠)まで、投げ飛ばしたんやろ（笑）

ス そうそう（笑）今で言う、1200キロ（笑）

あ 死ぬわ（笑）

そんなこんなを話しながら、本殿にて参拝。

ペコリ、ペコリ、パンパン、ペコリ。（二礼二拍手一礼）

そして希望者に実施してくれるという、宮司さんの案内と説明による、「アマテラスが隠れてしまっていたという天岩戸の遥拝」へ。

第二章　アマテラスの天岩戸開き

※ここからは写真厳禁。
その遙拝所から谷を越えて見据えた、天岩戸の洞窟のイメージをお伝えすると、こんな感じ。

※他の似た風景をイメージとして掲載しています。

あ　天岩戸…。すんごい森に囲まれてますよね……

ス　あぁ、何人たりとも近寄ってはいけない神域。それが天岩戸。ちょっと怖い話したろか？

あ　？

ス　昔な…、あそこになんとかよじ登ろうとした人間が、何人かおってな…

あ　いそうだよね（笑）チャレンジャー（笑）

ス　全員死んでんねん

あ　ヒエッ！！

ス　まぁいくら神々は基本優しいとはいえ、やっぱり最低限のやっていいことと悪いことはあるわな。基本やったらあかんと言われることは、やったらいかん

あ　なるほど…肝に銘じておきます……

そうして、参拝を終えた僕らが次に向かったのは、天岩戸神社西本宮から、歩いて約10分。神々が実際にアマテラスを救い出すために会議をした場所と言われている、「天安河原」。

あ　僕、ちなみにはじめて神さまの存在を感じたのが、この場所です

ス　そうなん？なんで？

あ　前来たときなんですけどね、入った瞬間にもう神々しすぎて、「あ、ここに神さまいるわ…」って、思えたんですよね

第二章　アマテラスの天岩戸開き

※そのときの写真

ス　まぁ確かに、ここはそういう場所でもあるわな
あ　そういう場所で「も」…？

そうしてスサノオさんと話しながら、自然溢れる川辺の道を 10 分。

着いたのがここ、「天安河原」。

あ はーーー。やっぱり綺麗…
ス ちょっと待て
あ ？
ス お前のそばに影狼しっかりつけとけ

スサノオさんのその言葉とともに、眷属（神の使い）の影狼が、僕を護ように、ピッタリと寄り添う。

ス あれ、見てみ

第二章　アマテラスの天岩戸開き

あ　積み重なった石、石、石…

ス　ここは元々は、確かに神々が集まった神聖な場所やったけど、いつからか、誰がはじめたんか知らんけど、石を積み重ねて願い事をしたら叶うみたいなのが広まった

あ　確かに…。前はあまり気にしなかったけど…

そうしてあらためて見てみると、その石たちからは、あまりいいエネルギーを感じなかった。

ス　人間が願いを持つときには、同時に低級霊や魔物も寄って来やすい。願うということは同時に、「なにかにすがりたい」っていう思いが、出てくるんやろな

あ　…すがりたい…か…

ス　その心の隙間を狙って、魔物や低級霊というものは集まってくる。皮肉にも、ここには大量の人間の願い事が集まったことで、そういう悪いものも、同時に集まってしまってるんやわな

あ　こんなに綺麗な場所なのに…？

ス 魔物は綺麗な顔を見せてあらわれる場合もあるからな。ここに来る人間の状態によって、神か魔か。この場所は、どっちがあらわれるかも変わる。まぁ俺がおるから大丈夫やけど、念のため、しっかり影狼を横につけとけ。小春も離れさせるな

あ はい、分かりました

そうして影狼と小春を従えて、気を引き締め、天安河原に入る。そこにあった社の前に立つと…

？ スサノオ様…？

その言葉の方向を見ると、そこには…？

第二章　アマテラスの天岩戸開き

ス　おう、オモイカネ

知恵の神、オモイカネノカミがそこにいた。
スラリとした体形。(イメージイラストは、あえて可愛く書いてもらってるけど)聡明そうな顔。落ち着いた声色。まさしくアマテラスを救い出すために、日本ではじめて「祭り」を考案した。「知恵の神」を名乗るにふさわしい、神の姿がそこにあった。

オモイカネ　お久しぶりです、スサノオ様。今日は急にどうされました？
ス　いや、特に用はない。今こいつ(荒川祐二)と一緒に、日本の神に会いに行く旅に出ててな。久しぶりに会いたくなった
オモイカネ　それは光栄です。呼んでくだされば、こちらか

ら伺いましたのに…
オモイカネさんは礼儀正しく、スサノオさんに頭を下げる。
やはりスサノオさんはアマテラスの弟だからか、一つひとつの態度と言葉に、最大限の注意を払っているように感じる。
ス まぁ、いいやんけ。そんな固くなるな。久しぶりに会えてうれしいわ
オモイカネ 他の神々もお呼びしましょうか？ここは私をはじめとして、「八百万の神々」を祀る場所。呼ぼうと思えば、アメノタヂカラヲも、アメノウズメも、アメノコヤネも…

ス いい、いい。こっちから会いに行くから、気い遣わんといてくれ。気を遣われるのは苦手や
オモイカネ …分かりました

そう言って、オモイカネさんは再び頭を下げる。
それにしても、オモイカネさんの、一つひとつの態度に疑問がある。
古事記では、スサノオさんが高天原で、田んぼを壊したり、

第二章　アマテラスの天岩戸開き

汚物を神殿に巻き散らかしたり、そういった悪行を積み重ねたせいで、アマテラスさんが引きこもったと言われている。そうであれば、スサノオさんはオモイカネさんたち神々から、恨まれていて然るべき。なのに、この明らかにスサノオさんに、敬意を払った態度はなんだろうか？やはり最高神アマテラスの弟…だから…？

ス　まぁ、とりあえず元気そうで安心したわ。久しぶりに顔見れて良かった。もう行くわ

あ　え！？もう！？なにも話してないですけど！？

ス　なんや（笑）お前が話したいんやったら、話しとけ（笑）俺はそこらへんウロウロしとく

あ　えっ！？ちょっ！？

結局イザナギさんのときと同じように、僕は、はじめてオモイカネさんと対面。

あ　こ、こんにちは

オモイカネ　はじめまして、オモイカネノカミです

変わらず、僕にも礼儀正しく、接してくれるオモイカネさん。

あ　な、なにか、話したいことと言われても、あれなんですけど…（笑）

オモイカネ　？

あ　へ、変なことを聞いてもいいでしょうか？

オモイカネ　なんでしょう？

あ　スサノオさんって、あなたたちから見て、どんな神さまなんでしょうか？

オモイカネ　どんな…とは…？

あ　あ、いえ…変なこと聞いてしまって、すみません…。皆さんはスサノオさんに、「天岩戸隠れ」の話で、迷惑を掛けられた側なんじゃないかと、僕は思っていて…。なのになぜ、こんなに敬意を払ってらっしゃるのかなと思って…

オモイカネ　………

あ　あ、変なこと聞いてすみません…

オモイカネ　いえ…、この現代でどのように、我々日本の神々の物語が伝えられているかは、私は詳しく存じ上げませんが…。我々神々は、スサノオ様に心より感謝をしております

あ　感謝？

意外な言葉だった。その真意はいったい？

オモイカネ　スサノオ様が起こした行動によって、我々も、気づかされたことがあります

オモイカネさんのこの言葉に、再び、イザナギさんが言っていた、「スサノオの本当の姿」の言葉が、脳裏に甦る。

あ　それは…なぜ…？

オモイカネ　あの事件が起きて、アマテラス様がお隠れになり、そのとき、我々ははじめて気づきました。その存在の偉大さに、大切さに。そして、それまでどこかバラバラだった八百万の神々が、「天岩戸隠れ」ではじめて一致団結を

第二章　アマテラスの天岩戸開き

したのです

あ　……

オモイカネ　スサノオ様がいったいどういう意図を持って、あのような行動をしたのかは、私には分かりません。ただあの「悪事」と言われる行動には、なにかの意志があったような気がしてならないのです

あ　そうですか…

オモイカネ　私には今はそれ以上のことは、分かり兼ねます。ただ結果論かもしれませんし、私の思い違いでしたら、お恥ずかしい話ですが…

あ　………

ス　お〜い！うすらハゲ〜！！ボチボチ行くぞ〜！！

遠くからスサノオさんの声が聞こえ、そうして僕らはオモイカネさんに、お礼を言って、「天安河原」を出た。オモイカネさんは、僕らの姿が見えなくなるまで、小さく手を振ってくれていた。

ス　やっぱり久しぶりに、みんなに会うのは楽しいな〜！

あ　僕もです（笑）次はどこに行きましょうかね（笑）

ス　戸隠

あ　長野！？！？！？

スサノオさんという存在の謎が益々深まり、僕らの旅は続いていく。

□■□■□

今回登場した天岩戸神社の紹介

天岩戸神社

所在地：宮崎県西臼杵郡高千穂町大字岩戸 1073-1

祭神：（西本宮）大日孁尊（おおひるめのみこと）、（東本宮）天照皇大神（てんしょうこうたいじん）

交通アクセス：宮崎交通高千穂バスセンターから、町営ふれあいバスの岩戸方面行き（岩戸線または日出線）で岩戸バス停で下車（約 15 分）。

□■□■□

第二章　アマテラスの天岩戸開き

戸隠の九頭龍大神に会いに行く

東京、淡路島、島根、大阪、広島、宮崎…と続いている、僕らの次の目的地は、長野県は戸隠。

ス　この全国行ったり来たりは、なにかの罰ゲームか

東京からカーナビで約4時間の表示。それを見て、スサノオさんがブツブツ言う。

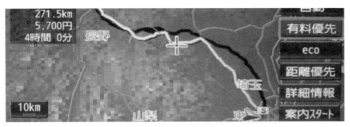

- **あ**　あんたが次は戸隠言うたんやないか。ていうか、いつも運転するのは俺やねんから我慢せい。それよりも…
- **ス**　ん？
- **あ**　戸隠神社のご祭神と言えば、アメノタヂカラヲ…さん
- **ス**　せやな
- **あ**　あともうひとつ、大きな神さまがいる
- **ス**　九頭龍大神な。龍神界の二大巨頭のうちの一柱
- **あ**　そうなんですよね。だからなにか緊張…
- **ス**　まぁなんと言っても、ここは霊峰 戸隠山やからな。土地の力が強ければ、必然的にそこにいる神の力も強くなる

そんなこんな話していたら、結局4時間の運転時間もあっと

いう間に過ぎ…、僕らは戸隠神社 九頭龍社に向かう大鳥居前に到着した。深夜に東京を出ていたから、着いたときは早朝。済んだ空気が、気持ち良かった。

あ　実はね…
ス　ん？
あ　さっきここの前に行った戸隠神社中社のさ、御神木(ごしんぼく)でダブルレインボーを撮ってから、携帯の調子がおかしい。カメラが起動したり、しなかったり

第二章　アマテラスの天岩戸開き

ス　それは御神木のせいちゃうで。この場所に理由がある
あ　この場所？戸隠山？

ス あまりにもパワーが強すぎる場所に来ると、電子機器の調子がおかしくなる。よくあることよ。ましてや、ここには九頭龍大神とアメノタヂカラヲの二神が控えてるんやから

あ そういうの聞いたことはあるけど。でも写真撮れないと…、皆さんにこの場所のイメージ届けられないじゃん…

ス しゃあないがな

ちなみに、九頭龍大神とアメノタヂカラヲが控える、「戸隠神社 奥社」。甘く見てはいけない。これは先ほどの大鳥居から、片道約45分の道のりを歩きに歩かなければいけない。

そうして…長い道のりを越えてようやく着いた、戸隠神社九頭龍社の本殿にて参拝。

第二章　アマテラスの天岩戸開き

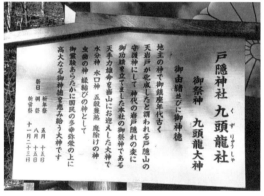

ペコリ、ペコリ、パンパン、ペコリ。(二礼二拍手一礼)
そのとき…？
ゴゴゴゴ…。

本殿の後ろに控える霊峰 戸隠山の方角から聴こえる、風なのか？なにかの遠吠えなのか？地響きのような音。

あ え…なにこれ…?怖いんだけど…

ス ていうか、お前もこんだけ神に関わってるんやったら、もう分かるやろ

あ なにが?

ス この音が九頭龍大神がここにおる証やって、ことぐらい分かるやろ

あ マジ!?てか、九頭龍大神出るの!?まだ心の準備が…!!

ス アホか(笑)そう簡単に出るか(笑)お前はまだそのレベルにも達しとらん

あ そうなのかい。ちょっと残念(´・ω・`)ショボン

ス 声ぐらいやったら聴かせたるけど

あ ウソ!?本当に!?

ス 目、瞑れ

スサノオさんのその言葉に従い、僕は霊峰戸隠山に向かって立ち、ゆっくり目を瞑る。

第二章　アマテラスの天岩戸開き

真っ暗闇が広がるなか、まるで映画のなかだけでしか聴けないような、太く、身体の芯にまで響くような低い声が聴こえる。

九頭龍大神？　…スサノオ…か…？
ス　おぅ、九頭龍。久しぶりやな
九頭龍大神　フフンッ…貴様がわざわざここに来るとは、なんともめずらしいこともあるもんよ…
ス　別に、お前に用があるわけじゃない
九頭龍大神　フフッ…我に対して、変わらない憎まれ口もお前らしい…。どうした？願い事でも叶えてほしいのか？
ス　俺がそんなわけあるかい。あるなら自分で叶えるわ。この俺の横にいるうだつの上がらない、この男。この男がお前に会いたいって言うからやな、連れてきた

スサノオさんのその言葉に九頭龍大神が、僕のほうを見た…。目を瞑っていても、迫ってくる威圧感でそれが分かった。

ス　こいつ（荒川祐二）と、直接話はできひんやろうからな。なにか言葉だけでも言ってやってくれ。お前（九頭龍大神）の言葉やったら、こいつら人間のなにかしらの参考にはなるやろ

九頭龍大神　フッ、よかろう…、我の心の内を聴かせてやろう…心して聴け…。汝、志を高く持て。強く、高く、大きく、天まで届くほどの志を持て。龍神の助けに選り好みはない。汝らが掲げた志の強さに応じて、我々、龍神は制限なく力を貸そう。我を動かすほどの、志を強く、高く、掲げろ

九頭龍大神のその言葉は、僕の身体と心の芯まで太く、強く、響き、感動と言えばいいのか、畏れと言えばいいのか、震える身体と、異常に早くなった心臓の鼓動とともに、僕の脳裏に強く、強く刻み込まれた。

九頭龍大神　……？中々面白い龍の赤子を連れているではないか…。その龍を我のような龍神にまで育て上げ、再びこの場所に戻ってくるがいい。さすれば、汝にも我の姿が見えるだろう

その言葉とともに、九頭龍大神が、その場を去っていこうとしているのが分かった。

ス　目、開けてみ

スサノオさんのその言葉と一緒に目を開けると、そこには…？

第二章　アマテラスの天岩戸開き

うっすらと、本当にうっすらと、九頭龍大神の姿が見えた…？ような気がした…。……信じられないような時間のなか、まだ理解が追いついていない頭で僕が言う。

あ　ありがたすぎて…、頭が上がりません…
ス　まぁ言われたとおりや。しょうもないことに人生を使うんじゃない。どうせ産まれてきたのなら、九頭龍大神を動かせるほどの人間になれってことや。お前に限らず、男に限らず、女に限らずな。誰にでも九頭龍大神すらも、応援してくれるほどの可能性があるんやから
あ　…はい…

霊峰 戸隠山。そこに確かにいた「九頭龍大神」の姿は、今はまだ見えない。けどいつの日か、九頭龍大神が助けたくなるほどの志を掲げ、動き出すことができたときは、その姿が見える、そんな気がした。

怪力神「アメノタヂカラオ」

日本有数のパワースポット。霊峰 戸隠山を背後に有する、戸隠神社 奥社。

今日登場するのは、そのほぼ並びに鎮座し、この場所の主祭神でもある、「アメノタヂカラヲ」。

あ それにしても…

ス ん？

あ ほんっっっっっま、参道長かったすね

ス な（笑）ちなみに、参道の長さはそこにいる神の力のあらわれでもある

あ とはいえ、長すぎまっせ

第二章　アマテラスの天岩戸開き

駐車場近くの大鳥居から、少し歩いたところにあるこの朱色の門を潜ってから、45分。

山道を歩く、歩く、歩く、歩く、歩く…。
しかもね…。

あ マジ？

そんなこんなで、ようやく最後の急な階段を登り終え…。（これがまた大変）着いた場所が、

主祭神「アメノタヂカラヲ」を祀る、こちら戸隠神社奥社御本社。

第二章　アマテラスの天岩戸開き

あ　スサノオさん…
ス　ん？
あ　ありえないこと、言っていいでしょうか？
ス　？
あ　今日は帰りません？
ス　…まぁ、お前も分かってるとおり、帰らせるわけないけど。一応理由だけ聞いとこか。なんで？
あ　僕の状態が悪い
ス　神にウソをつくな。さっき九頭龍大神と話して、力がみ

なぎっとるはずや。ましてや、ここはパワースポットやぞ。なんや？本当の理由を言え
あ アメノタヂカラヲさんって…スポーツの神…。ていうか、怪力の神…なんですよね…

ス うん。前言ったとおり、「天岩戸隠れ」で、アマテラスが隠れていた大岩を、宮崎から長野まで1200キロ投げ飛ばした化け物。神やけど、化け物
あ 怪力…ってことはさ…、マッチョ？
ス マッチョ
あ 今の僕の頭の状態は、「怪力の神＝マッチョ＝凄い見た目」をイメージしてしまっている。ということは、今の僕のフィルターをとおせば、アメノタヂカラヲさんも「凄い見た目」で出てしまいかねない

第二章　アマテラスの天岩戸開き

ス　それが「状態が悪い」ってことか（笑）ええやんけ！ゴチャゴチャ言うな！！
　お〜い！！タヂカラヲ〜！！
スサノオさんのどでかい声に呼応するように、本殿後ろの霊峰戸隠山から、負けずにどでかい声が聴こえる。
?　は〜い！！
そして、あらわれた神さまは…？

あ　…やっぱり…

タヂカラヲ　お〜！！スサノオ様〜！！久しぶりじゃないですか〜！！
ス　久しぶりやな〜！！お前、なんや！その筋肉は！！ヤマタノオロチも瞬殺できるんちゃうか！！
タヂカラヲ　いやいや！さすがにそれは無理！！（笑）双頭龍ぐらいならいけますけど！！
あ　（どんな会話やねん…）

タヂカラヲ　さっき九頭龍大神と話してましたよね？声聴こえてましたよ

ス　あぁ、せやな。それにしてもあらためて俺が言うのもなんやけど、お前も九頭龍もおるのは凄い場所やな、ここは（笑）

タヂカラヲ　いえいえ。でもここまで来るのも、それなりの覚悟がいる場所ですから。来てさえくれたなら、我々は全力で応援致しますよ

ス　そのとおりやわな。中々行けない場所だからこそってやつやからな

ス　ちなみにお前、なにかタヂカラヲに聞いとくことあるか？

あ　いや…もう…昨日の九頭龍大神の言葉に続いて、違う意味で、凄い姿形を見せられて言葉がないですけど…

ス　そりゃ日本有数のパワースポットやからな

あ　決して、パワースポットで見たかったものではないですけど（笑）タヂカラヲさんはもし僕ら人間を応援してくださるとしたら、どういう形で、どんな人を応援してくださるんですか？

タヂカラヲ　……そうですね。当然私は「力の神」、「スポーツの神」なので、それに関連する方がよくお参りに参られます。そういった方々を応援することはもちろんですが、一般の方々の場合ですと、リーダーシップを発揮したいとき、自分の手でなにかを成し遂げたいとき、膠着した事態を打破したいときなどに、主にお力添えをさせて頂きます

第二章　アマテラスの天岩戸開き

あ　なるほど…。本当にアマテラスさんが閉じこもったときの事態を力で打破したように、「突破力」の神さまなんですね

タヂカラヲ　「突破力」…。そういうことですね

あ　またぜひお伺いしたいと思います。遠いですけど（笑）

タヂカラヲ　先ほども申し上げましたとおり、ここまで来るのは決して簡単なことではありません。ただその覚悟を持って来て頂けたなら、そのときは、我々は全力で応援をさせて頂きます

ス　タヂカラヲは中々のナイスガイやろ（笑）

あ　人も神さまも、見た目で判断してはいけませんね。（笑）

□■□■□

今回登場した戸隠神社奥社の紹介

戸隠神社奥社

所在地：長野県長野市戸隠

祭神：九頭龍大神、アメノタヂカラオ

交通アクセス：路線バス：アルピコ交通長野駅７番乗り場（川中島バス長野駅前総合案内所前）からバードライン経由戸隠高原行きにご乗車下さい。（約１時間）奥社下車

□■□■□

今さら聞けない神社参拝の作法

僕らの旅の次なる場所は、大阪は河内国一宮 枚岡神社。

あ って言っても、枚岡神社はこの旅に出る前から、よく来ているんですけどね。僕の地元が大阪だから、パッと来れるし

ス そうなんや

ということで、河内国一宮 枚岡神社。

なんと言っても、ここは、「注連縄掛神事=通称 お笑い神事」、が有名。
「お笑い神事」とは、「天岩戸開き」の際に神々の祭りと笑いによって天の岩戸が開かれたこと。それを由来に、感謝の祈りと笑いで良い年を迎えるために、数百人が一斉に20分もの間笑い続けるというこの神社特有の神事である。

あ だからここの主祭神アメノコヤネさんは、「笑いの神さま」なんですね
ス いや、まぁ「笑いの神さま」って言うよりも、祭事全般を司る神やな

そんなことをスサノオさんと話しながら、一礼して鳥居を潜ろうとしたそのとき…？

第二章　アマテラスの天岩戸開き

ス　ちょっと待て
あ　？
ス　今さらやけど、神社参拝の基本をおさらいしよか
あ　今さら（笑）でも、このタイミングでいいかもしれない。定期的に聞いとかないとおざなりになってしまうから。

ということで、「スサノオの神社参拝 基礎講座」がはじまった。

ス　まぁ今さらやけど、鳥居を潜る前は、きちんと一礼な。これは常識
あ　鳥居は人間の住む世界と神域（神さまの住む世界）の、境界線ということですもんね。お邪魔するんだから、失礼のないように

ということで、一礼をしてから鳥居を潜り、手水舎へ。

ス　まぁ手水の作法は今さらやから省略するけど、注意点と

してはひとつ。みんな極端に柄杓のさ、柄の部分を短く持ちがちやから、長く持つようにな

あ　なるほど。これは忘れがちになるね

そして、本殿の前に立ち参拝。

あ　なにかあらたまると緊張するんだけど、お賽銭を入れて、二礼二拍手…一礼…で間違ってないよね？

ス 間違ってへんわ（笑）ただここは鈴がない神社やけど、鈴が本殿にある神社であれば、みんな迷う。「これっていつ鳴らしますのん？」って

※写真は他の神社の写真

あ 確かに。いつ鳴らせばいいのかね？「二礼二拍手一礼」の前？後？
ス 実はな…、これは決まってないねん
あ マジ（笑）
ス まぁ基本的にかつては神社参拝の作法は地方によって全然違ったし、あってないようなもんやった。だからぶっちゃけ言ったら、「敬意」と「感謝」がこもっていれば、それでいいと言えばいい
あ なるほど
ス ただ「作法を守る」ということも、「敬意」のひとつやからな。そういう意味で、しっかりやりましょうよって話
あ なるほどね。で、鈴は？

ス まぁそもそもこれ（鈴）は２つの意味合いがあって、ひとつは鈴の清らかな音に浸ることによって、心身の穢れを祓い、その状態で神の前に立つということ

あ なるほど

ス あともうひとつは、空気中に存在する神を音と振動で呼びだすということやわな

あ そう考えるとやっぱり…？

ス まぁ「二礼二拍手一礼」の前に鳴らすのが、流れとしては自然やわな

あ オーケー、オーケー

ということで、ここは鈴はないけど、あるという体で心身を整える。

あ で、次に「二礼二拍手一礼」の注意点は？？

ス 「二礼二拍手一礼」をする際の注意点。まずは深々と二回頭を下げて、その後に手を合わせる。そのときに合わせた手の、右手の平を第一関節分下にずらす

あ …なるほど

ス そうしてから、二回柏手を打つ。で、次に出てくる疑問が、「いつ願い事やお祈りすればいいですのん？」って話

あ 確かに。それも悩むね

ス まぁこれも自分に合ったやり方でいいねんけど、あえて言うなら二礼二拍手をして、そのまま手を合わせた状態の

第二章　アマテラスの天岩戸開き

ときかな。注意点としては願い事を伝える前に手を合わせ
たまま、まず自分の名前と生年月日、そして住所を伝える

あ　なるほど。自分が何者なのかって話ね

ス　そうそう。神も素性を知らんかったら、助けようもない
し。お願い事やお祈りがあるなら、その後にする。で、
できるなら「頼む」ばっかりじゃなくて、「自分もこう頑
張っていくから、どうか見守ってください」とか、「誓願」
をしてくれるなら、なお、神も助けやすい

あ　なるほど。神さまの助けは直接的に願いをポンッと叶え
るのではなく、その願いにつながる「ご縁つなぎ」って言
いますもんね。自分も誓って動き出せば、神さまもその縁
をつなぎやすい、と

ス　そういうこと。そうして最後に、誓いと感謝を持って、
深々と一礼する

あ　ていうかさ、前後して悪いんですけど、お賽銭っていく
ら入れればいいの？今さらだけど、やっぱ多いほうがい
い？

ス　それも、「自分が出して、気持ちのいい額」を決めれば
いい。賽銭は、「日々の感謝とこれからの決意のあらわれ」
やから。決して１万円出したから願いが叶いやすいとかも
ないし、１円やから力を貸さないとか、そんなことは、神
にはないよ。商売や取引ちゃうねんから（笑）

あ　「自分が出して、気持ちのいい額」…ってなると、本当
に人それぞれによりますね

145

ス 別に賽銭も、なくてもいいと言えばいいねんで。神がせびってるわけではないしな。昔は米や野菜の収穫に感謝して、それを供えてくれていたのがはじまりのひとつやってんから

あ なるほどね。自分自身がこれからを生きるための、「感謝と決意」か。こうしてあらためて説明してもらえると、よぉく分かりました

第二章　アマテラスの天岩戸開き

そうしてスサノオさんの言葉に従い、あらためて本殿の前に立ち、心清らかに参拝。

ス　まぁ今日はこんなもんでいいやろ。あんま長くなっても、読んでる人にも良くないしな。アメノコヤネ、悪いな。登場はまた次や

あ　アメノコヤネさん、ごめんなさいm（＿＿）m

笑いの神が降りてきた！！
大阪は河内国一之宮 枚岡神社にて。

あ ということで、昨日はあらためて神社参拝の基本を教えてもらったわけですが

ス 俺、俺、俺の説明は、世界で一番分かりやすいやろ？

第二章　アマテラスの天岩戸開き

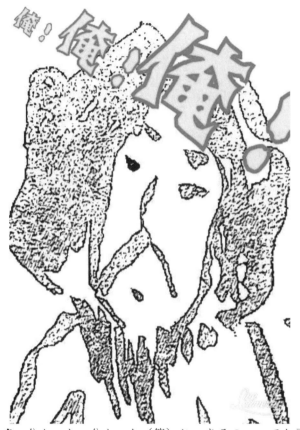

あ　分かった、分かった（笑）じゃあそのついでと言っちゃ悪いけど、もうひとつ聞いてもいい？

ス　なんじゃい？

あ　なんでほとんどの神社の後ろには、森があるんだい？

ス あぁ、「鎮守の森」な

あ ちんじゅのもり?

ス 古代から鎮守の森にこそ、神が鎮まっていると言われている。だから近年までは無闇に、鎮守の森に立ち入ることも禁じられていたわな

あ なるほど。そういう場所だったんですね。じゃあそこ(鎮守の森)に立ち入れる神社だとしても…

ス ちゃんと神さまが鎮まっている場所だと、自覚して入らなあかんわな。決して、騒いだりしてもいけない

あ 了解致しましたm(＿)m

…と、そんな話をスサノオさんとしていると…。

？ アーッハッハッハッ！！

その鎮守の森の方角から聴こえてくる、大きな、大きな笑い声。

第二章　アマテラスの天岩戸開き

ス　あーもう、うるさいうるさい
あ　？
スサノオさんの明らかに、顔見知りに対する態度に、一瞬疑問を持つと…？

アメノコヤネ　アーッハッハッハッ！！
なにが面白いのか、なぜか大爆笑しながら、枚岡神社のご祭神「アメノコヤネ」があらわれた。
アメノコヤネ　アーッハッハッハッ！！アーッハッハッハッ！！
あ＆ス　………
アメノコヤネ　イーッヒッヒッヒッ！！（腹を抱えてのたうちまわる）
あ　この方、鎮守の森から来ましたけど…。騒いだらいけないんじゃ…

ス　本来はな…

アメノコヤネ　オーッホッホッ！！（地面をゴロゴロ転がる）

あ＆ス　………

…。

……。

………。

…………。

あ　スサノオさん…

ス　…なんや？

あ　ひとつ聞いてもいいですか？

ス　…だいたい予想つくけど、…なんや？

あ　なんですか、このハッピーな神は？

ス　…そう思うよな…。これが、ここ枚岡神社の主祭神「アメノコヤネ」。笑いの神…って言うより、「天岩戸開き」のときに美しい声で祝詞を唱えた神で、本来は「祭事全般を司る神」のはずやねんけど…

アメノコヤネ　イーヒヒヒヒヒッ！！

ス　おそらくここで毎年行われている「お笑い神事」の積み重ねで、こうなってもうたんやろうな…

※「お笑い神事」とは毎年の終わりに、数百人で一斉に20分もの間、笑い続けて良い年を迎えようという枚岡神社特有の神事。

第二章　アマテラスの天岩戸開き

アメノコヤネ　アーッハッハッ！！ってなに！？スサノオ様！？なにしてるの！？！？
ス　……おう……
あ　（ス、スサノオさんがめずらしくテンションが低い…っ！？）
アメノコヤネ　いきなりどうしたんですか！？って、ヒャハッ！なに！？なに！？このおもしろ恐竜は！？

ス　…まぁ日本は八百万の神やからな…。なかにはこんなん（アメノコヤネのこと）もおる…。なにか聞きたいこと…ある…？
あ　まぁ…せっかくですし…。あの…
アメノコヤネ　はいっ！？うふっ、あはっ！！
アメノコヤネは、よく見ると中性的な見た目で、男性なのか

女性なのかよく分からない。

ただ少し高めの声からして、女性…?のような気もする…。
- **ス** ちょっとこいつが、質問があるんやって。落ち着いて答えれ
- **アメノコヤネ** ふ、ふぅ〜…(深呼吸)。よ、よし…落ち着いた…
- **あ** (ほんまになんやこの神は…)「お笑い神事」もあなたも含めて、どうしてここは、そんなに「笑い」にこだわって

第二章　アマテラスの天岩戸開き

るんですか？

アメノコヤネ　真顔がキモい…（小声）

あ　なにか言ったか？（さらに真顔）

アメノコヤネ　いえ…、ププッ…す、すいません…。笑いこ
　そが、一番日常的に効果のある、「祓い」の行為だという
　ことは、ご存知でしょうか？

あ　「笑いが祓い」？どういうことですか？

アメノコヤネ　早い話が、穢れ（気枯れ）てしまっていたら、
　人間笑うことはできません。怒っているとき、腹を立てて
　いるとき、ストレスが溜まっているとき、心配や不安に包
　まれているとき、病気になってしまっているとき、人間は
　笑う気なんて起きません

あ　まぁ、そりゃそうですよね

アメノコヤネ　その逆に笑えているときは、実は一番穢れが
　祓われているときなのです。大爆笑しているとき、仲間や
　家族と笑い合っているとき、なにかを楽しんでいるとき、
　そこに怒りやストレス、心配事をはじめとした「穢れ」は
　ありません。だから笑うことこそが、一番の日常で行える
　「祓い」なのです

あ　でも、さっきおっしゃってましたけど、穢れているとき
　は、人間笑おうという気すら起きませんよね？

アメノコヤネ　穢れていないから笑えるわけではなく、「笑
　うからこそ、穢れが祓われる」、ということもあるという
　ことです。だから、なにもなくても口角を上げてニコニコ。

155

しょうもないことでも大爆笑。そんな自分がおかしくて、また大笑い。そうすることによって、結果的に穢れが祓われていくことは、往々にしてあります。だからこそ、私たちはこうして常になにもなくても、どんな小さなことでも、笑っているのです

あ　（…ちょっといいこと言うのが、なんか悔しい…）

ス　お前（荒川祐二）の負けや（笑）

アメノコヤネ　ま、まぁっ…そっ…そんなこんなっ…でっ…

あ　？

アメノコヤネ　イーヒヒヒッ！！あー面白い！！久しぶりに真剣に話してる私が面白い！！アーッハッハッハッ！！！

あ　………

ス　（笑）まぁええがな、ええがな（笑）お前も笑え、笑え！！とりあえず一回やってみぃ！！

あ　アーッハッハッ（棒読み）

アメノコヤネ　もっともっとー！！

あ　アーッハッハッ！！（投げやり）

ス　もっと大きくー！！

あ　アーッハッハッハー！！

アメノコヤネ＆ス　みんなで一緒にー！？

一同　アーハッハッハッ！！

巫女さん　あの〜…境内で、奇声を発せられるのはちょっと……

第二章　アマテラスの天岩戸開き

あ　俺はふんだり蹴ったりか！！

□■□■□
今回登場した枚岡神社の紹介
枚岡神社
所在地：大阪府東大阪市出雲井町７番 16 号
祭神：天児屋根命、比売御神、経津主命、武甕槌命
交通アクセス：近鉄奈良線枚岡駅下車すぐ
□■□■□

第三章　スサノオのヤマタノオロチ退治

☆ヤマタノオロチ公園編（島根）
☆八口神社編（島根）
☆須佐神社編（島根）
☆熱田神宮編（愛知）

古事記概説：スサノオのヤマタノオロチ退治

八百万の神々の知恵を総動員して祭りを行った結果、なんとかアマテラスの救出に成功した神々。

しかし問題は、この事件を引き起こした主犯であるスサノオをどうするか？であった。

結局会議の結果、高天原を追放されたスサノオ。

彼はそのまま地上界の出雲国（現在の島根県）に降り立った。

出雲国をさまよっていた彼は、ある川の上流で泣き崩れていた老夫婦とその娘（クシナダ姫）に出会った。わけを聞くと、毎年やってくるヤマタノオロチという伝説の怪物に娘が食べられてしまう運命なのだという。

事情を聞いたスサノオは、そのオロチを退治したなら、その娘（クシナダ姫）を俺の嫁にくれと申し出た。

スサノオは策を巡らし、見事ヤマタノオロチに勝利。その亡き骸からあらわれた三種の神器のひとつ「草薙剣」を手にして、英雄への階段を駆け上がった。

これがスサノオのヤマタノオロチ。

この現代にも伝わる、伝説の戦いの物語。

第三章　スサノオのヤマタノオロチ退治

ヤマタノオロチ伝説を行く

僕らの次の旅は、「スサノオのヤマタノオロチ退治の地 島根」へ。

あ　イザナギさん、イザナミさんが終わり、住吉三神、宗像三女神、天岩戸開きの神々（オモイカネ、タヂカラヲ、アメノコヤネ）、との出会いが終わり、古事記の順番的に言うと、次は、アマテラスさんなんですが…

ス　アマテラスはまだやろ。今じゃない

あ　そうですね。確かに、僕もそんな気がする。そうなると、次の話の流れは、あなたの「ヤマタノオロチ退治」

ス　そうなるな

あ　早くも真打登場って感じですか

ス　真打って、まさか…

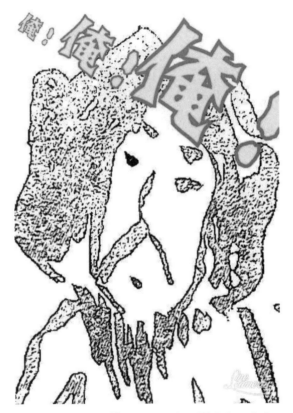

ス …のこと?お前もちょっとは賢くなったか
あ (これがなかったら、格好いいねんけどな…)…そうっすね…

…ということで、島根。

第三章　スサノオのヤマタノオロチ退治

僕らが最初に向かったのは、島根県雲南市は斐伊川沿いに位置する、ここ「ヤマタノオロチ公園」。ここには、スサノオさんがヤマタノオロチと対峙する像がある

ス　こんなんあんのか（笑）
あ　まぁスーパーヒーローですから（笑）それにしても…
ス　？
僕は、横を流れる斐伊川の流れを見つめていた。

あ この島根の地に、あなたは高天原から降り立ったんですね。そしてこの川を上流へ歩いていくと、ヤマタノオロチに食べられる運命に嘆いていた、クシナダ姫とその両親がいた

ス そうやな。もはや懐かしい

そんなことを話しながら、次に僕らが向かったのは、同じく雲南市に位置する、「八口神社」。

第三章　スサノオのヤマタノオロチ退治

古事記ではヤマタノオロチは、スサノオさんが用意した八つの壺（もしくは酒樽？）に入った酒をガブガブ飲んで、酔いつぶれて寝てしまい、敗北。ここ「八口神社」には、その実際の壺が祀られているという。

あ　…これですか…

ス　あぁ

あ　それにしても、よく咄嗟にそんな策を思いつきましたね。しかもそれが上手くいくっていう…

ス　まぁ人間でもそう、神でもそう。惚れた女や、大切なも

のを守るためならな。自分でも信じられへんような知恵や
力を出せるもんよ

あ　………

何気なくスサノオさんが言ったはずのその言葉に、僕はなぜ
か深く感動してしまった。なぜだろうか。スサノオさんの
言った言葉は、本や小説、映画、漫画などであたり前に流れ
てくる言葉と、同じような言葉のはずなのに、僕はなぜか素
直に感動してしまった。きっとスサノオさんがそのことを心
から思って、それを実践した神だからだろうか。嘘偽りのな
い、スサノオさんの言葉の響きが、僕の胸を揺さぶった。

あ　いいですね。そんな言葉をサラッと言えるようになりた
い

第三章　スサノオのヤマタノオロチ退治

そしてあっという間に時間は過ぎ、僕らは今日泊まる予定の、宿のすぐ横に位置している、出雲市は佐田町「須佐神社」に到着した。

あ　ここも凄いパワースポットで、有名らしいですね
ス　あぁ、まぁ俺が祀られていることも当然やけど、有名なんはこれな
あ　？

第三章　スサノオのヤマタノオロチ退治

ス　樹齢 1300 年を超える大杉。この場所の大切な御神木。まぁいつも言っているみたいに、あんまり御神木には触らんほうがいいから。その分ここの空気に触れて、ゆっく〜り深呼吸して、伸びでもしとき。それだけでもパワーは十分にもらえるわ

スサノオさんのその言葉どおり、ゆっくり深呼吸をして、伸びをするだけで、心のなかに溜まっている、日々の穢れが祓われていくような気がする。
それにしても、なぜだろうか。この場所はかつて、さまざまなスピリチュアルカウンセラーたちに、「最強のパワースポット」と紹介されたらしい。そうなると大概の場合、一気に観光客が押し寄せたり、観光地化してしまって、その神聖さや崇高さが失われてしまうのだが、この場所にはそれはなく、きっと昔から変わらないのであろう、神聖で厳格な雰囲気が、保ち続けられている。

ス　まぁこの場所を護ってくれている、人たちの気持ちのおかげやろうな。これだけ大切にしてくれて、俺はうれしいよ

スサノオさんはそう言うと、先ほどの大杉の近くに腰を下ろした。合わせるように、僕も近くに腰を下ろす。
ス　毎日、ほんまに楽しいな

第三章　スサノオのヤマタノオロチ退治

あ　はい、本当に。おかげさまで

ス　お前にとっての「ヤマタノオロチ退治」は、今、この旅なんちゃうかな？

あ　なんですか、それ（笑）どういう意味（笑）

ス　いや、まぁただのたとえやけどさ（笑）ヤマタノオロチ退治っていうか、「やらなあかんとき」っていうのかな

あ　どういうことですか？もう少し詳しく

ス　人も神もな、生きていれば、必ず人生のどこかのタイミングで、「やらなければいけないとき」が来る。それがいつになるか、いつ来るかは誰にも分からんけど、「絶対に逃げてはいけないとき」ってやつが

あ　はい…

ス　それが俺にとっては、「ヤマタノオロチ退治」やった。あのときまでの俺は若く、信じているものはあったものの、まだ自分自身の存在を認められへんかった。「自分が何者であるか」、その自分の価値を探し続けていた。

あ　「自分の価値」…

ス　そんな俺を認めさせてくれた出来事が、あの「ヤマタノオロチ退治」やった。あれ以来、俺は自分自身の生きる道に、確固たる自信を持つことができた

あ　そうだったんですか…。神さまでも悩んだりするんですね…

ス　そりゃそうよ（笑）君ら人間と一緒で、悩んだり迷ったり、そうして成長を続けてきたんやから。なんなら今もお

前と一緒におることで、俺はまだ成長を続けている

あ そう考えたら、僕ら人間も頑張らなきゃって思います…

ス 別に頑張らんでええねん（笑）それになにも「ヤマタノオロチ退治」みたいな、大きなことをせんでもいい。ただ、君らがそれぞれに生きる人生のなかで、昨日できなかったことを、今日やってみる。今までめんどくさくて避けてきたことに、挑戦してみる。そんな一つひとつの小さな「できた」を、日々積み重ねることができたなら、いつか必ず自分だけの価値を、見つけることができるから

あ 確かに今のこの旅、そしてこうして、スサノオさんとの日々を皆さんに伝えることは、今の僕にできる一番のことです

ス そうそう。だから、それが今のお前にとっての「やらなければいけないとき」。言うならば、俺にとっての「ヤマタノオロチ退治」。一つひとつ積み重ねていけば、素晴らしい未来が待ってるよ

あ ありがとうございます。なんだかあらためて勇気づけられました

ス まぁこの旅も、ほぼ折り返し地点。あらためて、今の自分を見つめ直すいい機会になったんちゃうか

あ そうですね。ていうか、ひとつ聞いていいですか？

ス なんや？

あ ヤマタノオロチ怖くなかったですか？（笑）

ス そりゃ怖かったよ（笑）それでもあそこで逃げていたら、

きっとそれ以上の後悔や苦しみという「穢れ」が、いつまでも俺の心を満たし続けていたんやろう。そう考えると…、あのとき、逃げなくてよかったよ

そう言って笑ったスサノオさんの笑顔は、まさしく乗り越えた男の顔をしていて、最高に格好良かった。

ス まぁとはいえ、大きなことはせんでいいよ。俺も、お前も、これを見てくれている皆さんも、変わらず今できることをひとつずつ、な

この旅も、もうすぐ後半戦。スサノオさんと、そしてこの本を読んでくれている皆さんと迎える、これからの未来に、胸は期待で膨らむばかりだった。

□■□■□

今回登場したヤマタノオロチ公園の紹介

ヤマタノオロチ公園

所在地：島根県雲南市木次町新市

交通アクセス：ＪＲ木次駅から徒歩で 10 分

□■□■□

□■□■□

今回登場した八口神社の紹介

八口神社

所在地：島根県雲南市加茂町神原 98

祭神：八口大明神、須佐之男命、櫛名田比売命

交通アクセス：JR 出雲市駅から南へ車で 50 分

□■□■□

□■□■□

今回登場した須佐神社の紹介

須佐神社

所在地：島根県出雲市佐田町須佐 730

祭神：須佐之男命、櫛名田比売命、足摩槌命、手摩槌命（須佐家の祖神）

交通アクセス：出雲市駅から出雲須佐行き路線バス（一畑バス）、出雲駅〜須佐バス停下車。タクシーで 5 分。

□■□■□

第三章　スサノオのヤマタノオロチ退治

スサノオの妻クシナダ姫に会いに行く

「ヤマタノオロチ退治の地」に続いて次に僕らが向かったのは、島根県雲南市にある「須我神社」。

あ　お嫁さん♪お嫁さん♪スサノオさんのお嫁さん♪
ス　なにをテンション上げてんねん、キモい顔して
あ　顔がキモいかどうかは、関係ない（真顔）で、この須我神社の地。あなたがヤマタノオロチを倒してこの地に立ち、「俺の気分は今、最高に清々しい！」と叫んだことから、「須賀（ここの神社は須我だけど）」と名づけられたそうですね

ス せやな

あ ひとついいですか？

ス ん？

あ 親父ギャグやん

ス 失礼なことを言うな。八百万ギャグや

あ どっちでもえぇわ。ていうか、ギャグなんかい（笑）この石碑、これですね。あなたが愛する妻へ届けた、日本最初の和歌を刻んだ石碑

あ 「八雲立つ　出雲八重垣　妻籠みに　八重垣作る　その八重垣を」。いい和歌ですね

（荒川意訳）幾層もの雲が立ち上る　この出雲の地に　妻を娶（めと）るために　幾重もの垣根をつくる　大好きな　大好きな

君と過ごす　その垣根をね。

ス　まぁお前の訳も、大概良く言い過ぎやけど（笑）こうして、この現代でも伝え続けられているのはうれしいわ

そうして僕らは本殿で参拝を済ませた。

ペコリ、ペコリ、パン、パン、ペコリ。（二礼二拍手一礼）

ス　じゃあ、奥行こか？

あ　奥？

スサノオさんに連れられて、僕らが向かった先は、須我神社から約２キロほど行った先にある、八雲山への登山口。この山道の先に、須我神社の奥宮があるという。

ス　この地に来たのなら、ここに来ないとな。

あ 「八雲山登山口　須佐之男命御岩座夫婦岩まで400M」…。結構遠いっすね…

ス つべこべ言うな。ほら、登るぞ

スサノオさんに促され、暑い季節のなか、汗だくになって山道を登る、登る、登る…。

あ はぁ…、はぁ…。な、なにか日本の神さまって、大変な所にいる神さま多くないっすか…？

第三章　スサノオのヤマタノオロチ退治

ス　神の元々のはじまりは、自然の神秘を神に見立てたのがはじまりなんやから、そら山奥や谷底、洞窟のなか、行きにくいところにあるのが当然よ。ある意味、「行きにくさ」が神威の高さの証明でもある。むしろ、こうして登山道がつくられてることに感謝せぃ

あ　そ、そうなんですけど〜…

ス　ブツブツ言うな！

途中にある心身を清めるための滝をとおり、再び山道を登る。そうして到着したそこには…？

あ　…これが…夫婦岩…？スサノオさんとクシナダ姫さんが

祀られているっていう…。…凄いパワー……

そのとき…？

？？　あなた…
夫婦岩の影から声が聴こえた。
そこには…？スサノオさんの妻 クシナダ姫さんの姿があった。

ス　おぅ
僕にとって、はじめての夫婦の対面。なぜか僕がドキドキ…。
ス　クシナダ…
クシナダ　はい…？
スサノオさんの少し神妙な声のトーンに、少しの疑問を持ったその瞬間…？

第三章　スサノオのヤマタノオロチ退治

ス　お前は今日も可愛いな〜！！こっち来い！！こっち！！
スサノオさんがいきなりそう言うと、クシナダ姫さんも頬を
赤らめながら、スサノオさんのほうに近寄り、二柱の神はま
るでつき合いはじめた恋人のように抱き合った。スサノオさ
んが、クシナダ姫の頭を撫でながら言う。

ス　いつも外に出てばっかりで、すまんなぁ。でも、俺には
　やっぱり、こうしてお前に触れている時間が一番
スサノオさんの大きな体に身を寄せながら、クシナダ姫さん
が言う。
クシナダ姫　そんな…。あなたが元気でいてくれるなら、私
　はそれだけで…
そんな二柱の神の会話が交わされるなか…。
あ　………

…。
……。
………。
…………。

あ　めっちゃラブラブやん…
ひとり置いてけぼりを喰らっている僕は、思わず呟く。
ス　おぅハゲ頭、おったんか。存在をすっかり忘れてた
クシナダ姫　あなた、人様にそんなことを言ってはいけませ
　ん

あ …っ！？そう！奥さん！！そうなんですよ！！この失礼な男にもっと言ってやってくれ！！

クシナダ姫 あら…でも、よく見ると…ちょっとやっぱり生え際が…

あ なにか言うたか？（真顔）

ス ワッハッハッハー！！あらためて紹介するわ。これが俺の嫁さん、クシナダ姫な

クシナダ姫 はじめまして（ペコリ）

スサノオさんの紹介に、クシナダ姫さんは折り目正しく、僕に頭を下げる。

あ あ、ど、どうも…はじめまして…。荒川祐二と申します…

第三章　スサノオのヤマタノオロチ退治

色白の肌。クリクリの目。小さい顔に、か細い身体。そして
なにより、その全身から伝わってくる純粋で健気な姿。ここ
に伝説の神が命をかけて救おうと決めた女性の姿が、そこに
あった。僕がクシナダ姫に言う。

あ　スサノオさんと…仲…いいんですね…

クシナダ姫　いえいえ…そんな…

あ　でも最近は、僕のほうが一緒にいる時間長いと思うんで
　すよ…。だから、最近は僕のほうがスサノオさんと仲がい
　いと思うんですよ…

クシナダ姫　そんなそんな…。距離は確かにありますが、私
　と主人は、心と心でつながってますので…

あ　いや、でも最近は僕も寝ても覚めても一緒にいるので、
　心のつながりよりも、やっぱり現実のつながりだと思うん
　ですよね

クシナダ姫　そんな…でも、主人が命をかけて守ってくれた
　のは私だけで……

ス　なにをしとんねんお前らは、このドアホが

あ　いや…仲の良さに、つい嫉妬をしてしまいまして…（笑）

ス　お前の心は今、絶賛穢れとる

あ　（笑）まぁそれはそれとしてなんですけど、奥さんに聞
　いてもいいですか？

クシナダ姫　…なんでしょう？

ス　変なこと聞くなよ

あ　大丈夫です（笑）俗っぽい質問で申し訳ないんですが、スサノオさんのどこが好きなんですか？

ス　そんな質問かい（笑）

クシナダ姫　…主人のですか…？…優しいところです…

あ　そんな渋谷の街頭インタビューで聞けるようなあたり前の答えじゃなくて、もっと具体的に！

ス　お前、なにを言ってんねん（笑）

クシナダ姫　当然、ヤマタノオロチに食べられてしまう運命から、命をかけて私を守ってくださったのは、もちろんなのですが…

あ　それは、やっぱりそうですよね。そのときの愛が今も忘れられないと…

クシナダ姫　実はそれ以上に、「この方に一生ついていこう」と、思えた出来事があります…

あ　なんですか、それ？やばい、スクープの予感

ス　やめろ、アホ（笑）、お前はハイエナか

そんな僕にクシナダ姫さんが言う。

クシナダ姫　ヤマタノオロチを倒した後、ご存知のとおり主人は、この須我の地に宮殿を築きました

あ　そうですね

クシナダ姫　その際に主人は、行き場をなくしていた私の両親を呼び寄せ、その宮殿を管理する首長に任じてくださったのです

あ　あ、聞いたことあります。それが今の神職の起源になっ

第三章　スサノオのヤマタノオロチ退治

たって…

クシナダ姫　私のことをこうして普段から誉めてくださり、大切にしてくださるのももちろんですが、それと同じくらい、私にとって大切な両親、家族を、大切にしてくださること。これ以上にうれしいことはありますでしょうか?

あ　…確かに…そうですね…。気がつかなかった盲点です…

クシナダ姫　主人はいつもそうなのです。自分のことで恐縮ですが、私にもそう、私の両親にもそう…。常に私たちを大切にしてくださる思いが、誰よりも伝わってくるので、私たちもその思いに応えて、この方を大切にしたい。そう思わせてくれる、そんな大きくて温かい存在が、私の主人、スサノオノミコトなのです

あ　………

クシナダ姫の、その嘘偽りなく、真摯にスサノオさんを愛する言葉は、昨日のスサノオさんの言葉と同じように、僕の心を感動で震わせた。

ス　まぁいいふうに言ってくれてるけど、そんなもん君ら人間でもあたり前やろ。大切な人の、大切な人を、大切にする。そのパートナーが大切であればあるほど、なおさらな

クシナダ姫　…いつもこうしてあたり前のように、常に言葉でもあらわしてくださるんです。それに加えて、普段の行動で示してくださる主人だから、ヤマタノオロチから私を守ってくださったあのときから、今もずっと変わらず、私は主人が大好きです

185

そう言うと、クシナダ姫さんは顔を紅くして、恥ずかしそうに俯いた。

ス　お〜そうか、そうか！！俺もお前が一生大好きだぞ〜！クシナダ〜！！

そう言うと、スサノオさんはクシナダ姫さんの身体を、高く抱き上げ、そうしてもう一度、強く、強く抱きしめた。余りにも絵になるその姿と、先ほどのクシナダ姫さんの話が相まって、僕は男として素直にスサノオさんを、「格好いい」と思った。

クシナダ姫　まだ旅は続くと思いますので、気をつけて行かれてください。あなたも、ご無理なさらずに…

ス　おう、ありがとうな。お前に会えるのを楽しみに、俺はまた頑張るぞ

クシナダ姫　そんな…（照）

ス　お〜！それにしてもやっぱりここは清々しい！！よし、久しぶりにあの和歌詠むか！！あのときみたいに雲は立ち昇ってないけどな！！

第三章　スサノオのヤマタノオロチ退治

ス　またな、クシナダ。一生愛してるぞ

クシナダ姫　…ありがとうございます…

なんの嫌味も嘘もない、スサノオさんの愛する妻へのその言葉と、これまでの一つひとつのやり取りに、なぜかこのとき、これまでイザナギさんが僕に言ってくれた、「スサノオの本当の姿」。その言葉が甦った。

いったいスサノオさんのどの言葉、どの行動が、今の僕の心に引っ掛かったのだろうか。今思いつく言葉は、「大切な人を大切に」。

この言葉に、スサノオさんのその存在の意味、本当の正体の答えにつながるものが、あるのだろうか。愛し合う二柱の神の姿を横目に、旅はこれからも続いていく。

□■□■□

今回登場した須我神社の紹介

須我神社

所在地：島根県雲南市大東町須賀 260

主祭神：須佐之男命、櫛名田比売命

交通アクセス：JR 松江駅より一畑バス　大東行きに乗車し、須我バス停で下車し、徒歩 3 分。

□■□■□

日本の神社の美しさの意味

「スサノオのヤマタノオロチ退治の地」、須我神社を経て、僕らが次に向かったのは、愛知県は、熱田神宮。

あ 熱田神宮は今までにも来てるから、旅っていう感じはしないですね。アクセスもいいし、名古屋駅から30分も掛からないし

そんなこんなを話しながら、一礼して鳥居を潜り、本殿に向かう参道を歩く。

ス 前言ったかもせーへんけど、本殿までの参道の長さは、そこの祭神の神威(しんい)の高さのあらわれでもある

あ そうなんですね。そう言われれば、確かに格式高い神社は、どこも参道が長い気がする

ス それに加えて、本殿に向かうまでの歩く時間のなかで、風に触れ、光に触れ、音に触れ、神聖な空気に触れる。それによって、「穢れを祓う」という意味合いもあるから。鳥居を潜ると、五感をすべて活用することを意識してな

あ 分かりました

スサノオさんに言われたとおりに、目を瞑って心を静める。顔を上げて、吹く風や聴こえる鳥のさえずり、木々のざわめきに耳を傾ける。自然と心が落ち着いてきて、月並みかもしれないけど、日々の喧騒のなかに埋もれて気づかない、穏やかな時間がそこには流れていた。

あ ふぅ…

ス 落ち着いたか？よし、行こか。ちなみに、心を落ち着かせたときに、風が吹いたり、光が射して来たら、それは神々が歓迎している印やからな

あ そうなんですね。ありがとうございます

そうして手水を済ませ、本殿にて参拝。

ペコリ、ペコリ、パンパン、ペコリ。（二礼二拍手一礼）

あ 熱田神宮のご祭神…、「熱田大神」とは？なにか調べても、

第三章　スサノオのヤマタノオロチ退治

今いちピンと来ないんですよね
ス　まぁお前も知ってるやろうけど、「三種の神器」のひとつ、草薙剣のこと
あ　あなたがヤマタノオロチを退治したときに、その尾からあらわれたという、光り輝く剣ね。まるでゲームみたいな話
ス　そう。そしてこの…

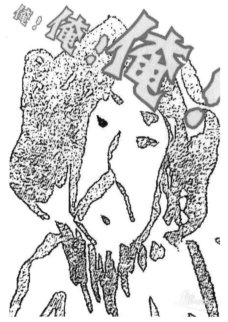

…が、高天原のアマテラスに献上して、伝説となった剣。その剣をご神体として降りて来ている神の名が、このかつての

尾張地方の繁栄と豊穣(ほうじょう)を司る、「熱田大神」

あ ん？ってことは、やっぱり剣がここの神さまってこと？

ス まぁそうやねんけど、そうじゃない。そこら辺は詳しく話すと長くなるから、また今度の機会にするけど。それより今日はこっちや。見てみ

あ ？

スサノオさんがそう言って、指差した先は、熱田神宮の本殿内。

ス これ見て、なにか思えへんか？

あ …まぁ前から思ってたけど、神社のつくりって、めっちゃ…シンプルよね…

ス せやろ？言うたら、「ほんまにこんな簡素なところに神おんのか？」って思えへん？

あ ぶっちゃけ思うよね

ス そうやねん。しかもさ、海外の「神殿」や「教会」、まぁ俗に言う「神がいる」と言われている場所は、どこも豪華(ごうか)絢爛(けんらん)で、ド派手な場所が多いわけやん

第三章　スサノオのヤマタノオロチ退治

あ　こんな感じ？

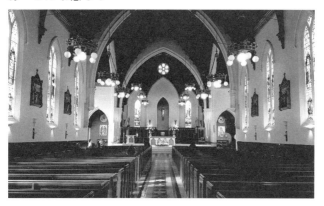

ス　そうそう。それ見た後に、あらためてこっち見てみ

…。

……。

…………。

……………。

あ　…めっちゃシンプルやん…

ス　そやねん。でもな、日本の神という概念では、これが正しいねん

あ　どういうことですか?

ス　決して他の宗教を否定するとか、比較するとかじゃないねんで。ただ海外の多くの「神」という概念は、やはり代表的なのが「全知全能」。崇め奉るものというイメージ

あ　だから、神殿や教会もあんな感じになるわけね

ス　逆に、日本の神のはじまりというものは、日々の生活のなかでの、自然の神秘や生命の循環に感謝し、そこに「神」を見た。要は生活のなかに寄り添ったものこそが、「神」やった

あ　なるほど

ス　だからこそ、極力豪華絢爛さを避け、人の手を入れない形で、自然と調和をさせる形を、建築様式としても維持させる。これこそが日本の神社のあり方であり、神のあり方でもある

あ　そういうことか。だから神社では、こんな感じに簡素で、「なにもない」ことこそが美徳なのか

ス　そういうこと。まぁ神社がつくられた当初は、壮大で色彩豊かな仏教建築の影響を受けて、派手につくられたりもしてたみたいやけど、それもやっぱり合わんかったんやろ

うな。時代の流れのなかで、ドンドン簡素になっていった
あ　そういう名残が残っている神社も、確かにあるもんね。なるほど〜〜、よぉく分かった。で、それがどうしたの？
ス　ドアホ（笑）ちょっとはそのない頭で、想像力を働かせろ（笑）だから最初の参道をとおるときに言ったように、神社では、外側の豪華絢爛さや壮大さに目を奪われるのではなく、「なにもない」空間のなかで、自分自身の内面と向き合うことこそが大切って話。そのとき心に思い浮かぶ言葉や、ふと思いつくメッセージ。そこに俺たち、「神との対話」がある

あ　な、なるほど…。「パワースポット〜！」、「御神木〜！」、とか騒いでたらいかんわけですね…
ス　決してそれも悪いことじゃないんやで（笑）ただせっかく神社に来るのなら、本来のその場所のあり方や、本来の時間の過ごし方を知ったほうが、有意義やんって話
あ　よぉく分かりました m（_ _）m

ス まぁ神社に入っても、いつまでも邪念だらけのお前やから、とりあえず言っといた。さて、帰るか

あ あ、あれ！？今日は、「熱田大神」さんとは話さないの！？

ス 「熱田大神」の成り立ちもまだロクに理解もできてない、お前なんかのためにあらわれてくれるか（笑）まずはしっかり神と神社の基本を知り、今の自分の内面と向き合って、勉強せぃ

あ あいm（＿）m

□■□■□
今回登場した熱田神宮の紹介
熱田神宮
所在地：愛知県名古屋市熱田区神宮1丁目1-1
主祭神：熱田大神
交通アクセス：名鉄神宮前駅から徒歩約5分
□■□■□

第四章　オオクニヌシの国づくり

☆赤猪岩神社編（鳥取）
☆白兎神社編（鳥取）
☆伊太祁曽神社編（和歌山）
☆奴奈川神社編（新潟）
☆大神神社（奈良）

古事記概説：オオクニヌシの国づくり

スサノオのこれ以上ないハッピーエンドから、長い月日が
経っていた。
舞台は変わらず、出雲国。スサノオの六代先の子孫オオナム
ジを主人公として、物語は続いていく。

たくさんの気の強い神々に囲まれて、軟弱な末っ子の神だっ
たオオナムジ。神の時代からいじめというものはあり、彼は
意地悪な兄神たちによって、何度も惨殺されてしまう。

しかしたくさんの神々の助けを得て幾度も復活し、逃げ込
む先として選んだ場所は、「あの」ヤマタノオロチを倒した、
伝説の英雄スサノオのもとへ。

そこでスサノオの娘のスセリ姫と出会い、ひと目惚れし結婚。

そこからスサノオによる試練に次ぐ試練がはじまった。

それをスセリ姫はじめ、動物神などの助けを得て、見事に突
破。やがて彼は偉大なる力を持つ神「オオクニヌシ」を名乗
るほどの、立派な神へと成長を遂げる。

スサノオに授けられた伝説の武器とともに、兄神たちを追い
払ったオオクニヌシは、そのまま出雲国を飛び越えて、日本
全国を統一する「国づくり」をはじめる。

第四章　オオクニヌシの国づくり

その過程のなかで全国に多くの妻を娶りながらも、スクナヒコナやクエヒコ、そしてオオモノヌシなど多くの神々の助けを得て、国を統一。日本史上初の王となる。

因幡の白兎に会いに行く

イザナギ、イザナミ、住吉三神、宗像三女神、天岩戸開きの神々、スサノオのヤマタノオロチ退治の地を経て…。いよいよ僕らの旅は、あの「オオクニヌシの国づくり」を巡る旅へ。

あ　なにかちょっと緊張する…
ス　なにがや?
あ　いやオオクニヌシさんって、まだいまいちイメージが沸かないんですよね。どんな方なんだろう
ス　まぁそれは、あいつに会ってからの話やな。不安か?
あ　不安半分…、期待半分…。ドキドキ半分…って…感じですね…
ス　お前…それ全部で100%超えてるぞ…
あ　あ…(恥)
ス　お前の頭のなかどないなってんねん…

そんなこんなで、「オオクニヌシの国づくり」。
かつてオオナムジと呼ばれていた軟弱な神が、さまざまな試

第四章　オオクニヌシの国づくり

練を経て成長し、この国の礎を築き上げ、日本史上初の王になったという成長物語。そのゆかりの地である鳥取県西伯郡南部町 赤猪岩神社に、僕らは降り立った。

あ　赤猪岩神社…。末っ子で、軟弱なのに顔はイケメン。女にはモテる。兄神たちに嫉妬されたそんなオオナムジさんが、山の上から猪を追い立てるから、それを受け止めろと言われて、実は真っ赤に焼けた大岩だったという話ですね

ス　そう。ここにはその「大岩」が実際に封印されている

あ　マジ？だから赤猪岩神社なのか…

封印されている赤猪岩

神社境内の社の裏手には、「大国主命が抱いて落命した」と言い伝えられている岩が封印されています。

この岩は、地上にあって二度と掘り返されることがないように土中深く埋められ、大石で幾重にも蓋がされ、その周りには榊が巡らされ、しめなわが張られています。

これは「厄の元凶」に対する注意を、子々孫々まで忘れてはならないことを教えています。

「受難」「再生」「次なる発展への出立」の地として、ご加護を願い赤猪岩神社を訪れる人は、数多であったと伝えられています。

そうして少しの階段を上がり、そこには…？

あ　…これ…がオオナムジさんが実際に受け止めて死んだという大岩…ですか…

実際には2つ合わせると、直径2〜3メートルぐらいある大岩。

あ こんなん死にますやん…
ス いや、この岩はそれとは違うで
あ ちゃうんかい。はよ言えや。感傷に浸った自分が、恥ずかしいわ
ス （笑）実際の大岩は、この岩の下に封印されている。実際は、もっともっと大きかったらしいけどな
あ マジ？それはそれで衝撃

あらためて、そこでの参拝を終え、

次に僕らが向かったのは、あの有名な「因幡の白兎」の地。
あ 「因幡の白兎」の話は、僕も小さいときに聞いたことはありましたね
ス まぁ童話としても分かりやすい話やからな。今さら説明

はいらんやろ
その象徴の地、「白兎神社」近くにある、隠岐の島へ。(赤猪岩神社から車で約1時間半。同じ県でも結構遠い。笑)

あ　あの例の予言ウサギは、あの島から海を渡ろうとして、サメに皮を剥がされたんですね…。それでオオナムジさんに助けられて、そのあとの彼のゆく末を予言したと…。

ス　こうやって見たら、ウサギでも根性で泳げそうな距離やのにな

あ　ね(笑)こうして実際に古事記や神話の地を巡ると、いろいろ思うことがあって、本当に面白い(笑)

そうして僕らは、その予言ウサギが祀られている、「白兎神社」へ。

第四章　オオクニヌシの国づくり

あ　ここの主祭神は「白兎神」。それこそ「因幡の白兎」のウサギさんで、御利益としては、「縁結び」の神社になるんですね…

ス　あぁ、まぁ一応このウサギがきっかけで、オオナムジとヤガミ姫は結ばれたからな。まぁこの造形物が象徴しとるわ

あ　ここのウサギさんが、オオナムジさんと絶世の美女 ヤガミ姫が結ばれることを予言したんですもんね。「縁結びのウサギ」…。そうやって考えたら、なんだか素敵
そうして、本殿にて参拝。

ペコリ、ペコリ、パンパン、ペコリ。（二礼二拍手一礼）

ス　さて…「白兎神」…。どんなんが出るかな…

…。

……。

………。

…………。

あ　「もう…自分の頭のなかがイヤになる…」

第四章　オオクニヌシの国づくり

ス　俺もいよいよ、お前の頭が心配になってきたよ（笑）
さて…気を取り直して、「白兎神」…。

兎　あー！！スサノオの兄貴！！久しぶりでやんす！！
ス　お、おう…
あ　「やんす」っていう喋り方も、イメージどおり…
兎　なんすか！なんすかー！！言ってくだされば、迎えに上がったのにー！！ナメクジ小僧も、トカゲ娘も、セミ男も、スサノオの兄貴に会いたがるのにー！！
ス　いや…遠慮しとくわ…
あ　（また…、変な神があらわれてしまった…）
兎　で、今日はいきなりどないしたでやんすか？そんなトカゲみたいな男と、おもしろ龍神と狼連れて
小春　ウサギさん♪ウサギさん♪

- **ス** 小春、あんまり近寄らんほうがいいぞ…。変に育ったら困る…
- **あ** 本当に…。ていうか、トカゲみたいな男って俺のことか…
- **兎** で、なんでやんすか？
- **ス** いや、今なこいつ（荒川祐二）と、久しぶりに古事記ゆかりの地を巡っててな。それで「因幡の白兎の地」として、ここに来た
- **兎** そうでやんすか！そうでやんすか！！よくぞ来られました！！なんなら予言でもしましょうか！？
- **あ** ………
- **ス** お前ちょっとしてほしいと思ったやろ？
- **あ** 女子は占いとか予言という言葉に弱いですから…
- **ス** 女子ちゃうがな
- **あ** とにもかくにも、せっかくなのでお願いします、ウサギさまm(＿＿)m
- **兎** 分かったでやんす！！それでは僕の瞳を見てほしいでやんす！！

第四章　オオクニヌシの国づくり

あ　はい…

すると、吸い込まれるように、白兎神の目が見る見る赤く光り出し、同時にまわりの情景がグニャグニャとゆがみだし、その瞳に引き込まれるような、感覚に襲われた。

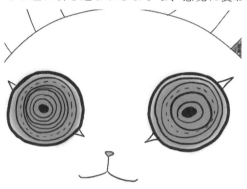

兎　…いいでやんす…。おたく…
あ　（ゴクリ…）
兎　最近ちょっと太ってきたでしょ…？…。

…。
……。
………。
…………。

あ　はい？（笑）
ス　……（笑）
兎　好きな物ばっかり、食べてちゃいけやせんぜ…（ドヤッ）

あ いや…、そういう生活のアドバイスとかをしてほしいん
じゃなくて…

兎 それに…

あ おっ…！

兎 夏場は冷たいものは、ほどほどにしときなはれや…

…。

……。

………。

…………。

あ こいつあかんわ…

ス まぁこれを呼びだしたお前の責任でもある（笑）

あ もう帰りましょか…

ス 最後にひとつぐらい、なにかいいこと言ってくれたらい
いねんけどな（笑）

兎 あ！あー！！あー！！あー！！

あ＆ス なんや！！（笑）

兎 これからも旅は続くでやんすか？

あ そうですね、一応…

兎 今降りてきたこの言葉だけは、最後に伝えとくでやんす
…

あ ？（また変なこと言うんか…？）

兎 この旅の終わりに、すべての「答え」が明かされる。そ
してその「答え」こそが、さらなる次の未来へとおたくを、

第四章　オオクニヌシの国づくり

連れて行ってくれるでやんす…
あ　？

…。
……。
………。
…………。

白兎神の、その最後の言葉の意味は、分からない。
けど、この旅の終わりには、なにかの「答え」が見つかると言う。そして、その「答え」こそが次の未来へ、僕を連れて行ってくれると…。
予言を終えて、再び僕らは隠岐の島を眺めていた…。

あ　なんだか「オオクニヌシの地」は、ドキドキしますね…。

なんでだろう…

ス　まぁあいつら純粋な国津神（天上界で生まれた神「天津神」の対義語として、地上で生まれた神の総称）はアマテラスをはじめとした天津神たちとは、少し毛並みが違うからな。出会っていくなかでその性質も追々分かってくるやろ

□■□■□

今回登場した赤猪岩神社の紹介

赤猪岩神社

所在地：鳥取県西伯郡南部町寺内232

主祭神：オオクニヌシ、刺国若比売命、スサノオノミコト、クシナダヒメミコト

交通アクセス：JR米子駅下車、車で約25分。

□■□■□

□■□■□

今回登場した白兎神社の紹介

白兎神社

所在地：鳥取県鳥取市白兎宮腰603

主祭神：白兎神

交通アクセス：JR鳥取駅から日ノ丸バスで約40分（白兎神社前バス停下車）

□■□■□

第四章　オオクニヌシの国づくり

木の神オオヤビコに会いに行く

次なる僕らの目的地は、和歌山県は伊太祁曽神社。

あ　伊太祁曽神社…。まだオオクニヌシを名乗る前のオオナムジさんが兄神たちに何度も殺され、そのなかで助けを求めた神、「オオヤビコ」を祀る神社です。

ス　「古事記」で言ったら、オオヤビコ。「日本書紀」で言ったら、五十猛な。古事記と日本書紀。どっちを取るかで、

生まれも由来もまったく変わる神。古事記だと俺の兄神になり、日本書紀だと俺の息子になる

あ ちょっとややこしいけど、一応ともに「木の神」なんですよね。でも今回の僕らの旅は古事記をベースにしているから、オオヤビコさんになるのかな。高天原から樹木の種を持って来て、日本全国に木を植えたという…

ス そう。だからこの神社には、やっぱり木が多いよな

スサノオさんのその言葉どおり、伊太祁曽神社境内には、木に関連するものがたくさん。

第四章　オオクニヌシの国づくり

ス　それにしても、お前はほんま神に好かれとるな。顔キモいくせに
あ　なにが？
ス　そのまぬけ顔で、よう見てみぃ。御神木のてっぺんに光が射すなんてことあるか？これは大歓迎の証よ

あ 本当だ…。なんだかうれしいね…
手を合わせて感動に浸り、そして、本殿にて参拝。

第四章　オオクニヌシの国づくり

ペコリ、ペコリ、パンパン、ペコリ。（二礼二拍手一礼）

あ　…ふぅ…

ス　なに溜め息ついてんねん。まぁだいたい理由も分かるけど（笑）

あ　…おっしゃるとおり…。…オオヤビコさんがどんなのが出るかと思って…。前回の衝撃が強すぎて

※前回の衝撃

ス …さぁ、今回は…？

…。
……。
………。
…………。

あ よかった…

オオクニヌシを救った、「木の神」オオヤビコの登場である。
オオヤビコ スサノオ…か…？
ス ヒコ爺、お久しぶりです
そう言って頭を下げて、いつになく礼儀正しいスサノオさんの態度。なぜ？どうして？
ス ヒコ爺は、イザナギとイザナミが国産みをした直後に産

第四章　オオクニヌシの国づくり

んだ、神々の内の一柱。俺からしたら兄神でもあるけど、大先輩よ
あ　スサノオさんって、そういう上下関係とか気にしなさそうなのに、意外にちゃんとしてるんですね。
ス　時と場合と、対象による
古事記では、この「オオヤビコ」さんが、命を狙われ続けるオオナムジさんに、スサノオさんのもとに向かうようにと指示を出したという。そこでオオナムジさんは、スサノオさんによって鍛え上げられ、日本史上初の王オオクニヌシとなるまでの力を得た。そういう意味では、「オオクニヌシの国づくり」のきっかけをこのオオヤビコさんがつくったと言っても、過言ではない。

オオヤビコ　して、どうした？また面白そうな者を連れているではないか
あ　面白そうな者…？

…。

……。

………。

…………。

あ　私？

オオヤビコ　顔がな

あ　やっぱりそっちかい

オオヤビコ　冗談じゃ、冗談じゃ！！ファオッ！！ファ
オッ！！ファオッ！！アオォォォウッ！！

あ　（ちょっと笑い方がキモい）

ス　ヒコ爺、相変わらずの、ポップスターみたいな笑い方は
ええんですけど。せっかくやし、こいつの質問になにか答
えたってくださいや

オオヤビコ　質問…？もちろん構わんよ

あ　質問…。いつも突然そう言われると、戸惑うんですけど
…。……。…なぜオオクニヌシさんだったんですか？

オオヤビコ　…なぜ…とは…？

あ　あ…、変な聞き方をしてすいません…。オオクニヌシさ
んって、当初は軟弱なだけの男と認識していたもので、そ
の、なぜ「軟弱なだけの男」を助けようと思ったのかな、っ
て…

オオヤビコ　なぜ…助けた…か…

あ　…はい…

オオヤビコ　…それはな…

あ　…はい…

オオヤビコ　…それはじゃな…

あ　……はい……

オオヤビコ　…実はじゃな…

あ　………はよ言えや

オオヤビコ　（あたふた、あたふた…汗）

ス　お前、一応俺の大先輩神になに言ってんねん（笑）

あ　す、すいません（笑）

オオヤビコ　え、ええんや…ええんじゃよ…

老け込んだ様子が、またさらに老け込んだように見えたオオ
ヤビコは、一度大きく息を吸い込むと言った。

オオヤビコ　「可能性」…じゃな…

あ　「可能性」？

オオヤビコ　そう、「可能性」。あの男（オオクニヌシ）は、
　確かに当時は軟弱じゃった。しかし、しかぁぁぁし、それ
　でもしかし！！

あ　（ちょいちょいキモい言葉遣いがイヤ）

ス　（我慢せぃ。笑）

オオヤビコ　やつの目からは、「志」の高さを感じられた

あ　「志」？

その言葉と同時に、戸隠神社で、九頭龍大神が僕に言った、
「汝、志を高く掲げろ」という言葉が甦る。

オオヤビコ　確かにあのときのやつは、何度も兄神たちに殺されてはおったがな。が、やつはそんな兄神たちへの復讐などの小さな世界を、見てはいなかった。無意識かもしれんが、もっと大きなものを見ていたというかな。とにかくワシはやつの瞳の奥から、いずれこの国を背負う男の器を感じた。その瞳に純粋に応援をしたいと思えたのじゃ

あ　なるほど…

オオヤビコ　次に「素直さ」。自分自身の状況や与えられた課題に対して、まっすぐ素直に受け取る姿勢。その姿勢を持った素直な者には、自然とまわりも応援したくなるもんじゃ

ス　確かにあいつ、俺が与えた試練も全部、「分かりました」って言って受け止めたもんな

あ　「素直さ」…ですか

オオヤビコ　最後に、「優しさ」。「因幡の白兎」の話でも分かるように、やつは優しかった。この優しさを持つものに上の立場に立つものになってほしいと、周囲は願い、応援するもんじゃ

あ　「志」、「素直さ」、「優しさ」…

オオヤビコ　その三つを持って、ワシはその者の持つ「可能性」だと思っておる

あ　それをオオクニヌシさんに感じたと…

ス　まぁそういうことやわな

第四章　オオクニヌシの国づくり

オオヤビコ　大きなことを成し遂げる者は、それと同じだけ
　多くの者にも支えられ、助けられる。そのことを学ぶ上で、
　オオクニヌシという神は、これ以上ない立派な可能性を
　持った神だったと、ワシは思う

あ　…そうですか…

オオヤビコ　…それにしても…

あ　？

オオヤビコ　お主も中々悪くない…。今多くの者に支えても
　らっている、実感があるのではないか？

あ　はい。この旅をはじめてから、全国各地の方々に。本当
　におかげさまで…

オオヤビコ　「おかげさま」。その気持ちを、決して忘れては
　ならん。そして同時に、その支えて頂いた思いと力は、決
　して自分のためだけに使ってはならん。人を喜ばせ、社会
　を潤し、未来につなげるために活かすことができるならば、
　必ずや尽きることのない繁栄が、そなたにも、その周囲に
　ももたらされるであろう

あ　………は、はい

ス　ええこと言ってくれたな。心にしっかり刻んどけよ

オオヤビコ　ワシから伝えることは以上じゃ。じゃ、じゃ、
　じゃ！！ファオッ！ファオッ！アォォォォウッ！！

あ＆ス　（これがなかったらなぁ…）

「木の神」。オオヤビコとの出会いを経て、まだまだ僕らの「オ
オクニヌシの国づくりの地」を巡る旅は、続いていく。

223

□■□■□
今回登場した伊太祁曽神社の紹介
伊太祁曽神社
所在地：和歌山県和歌山市伊太祈曽558
主祭神：オオヤビコノカミ（別名：五十猛）
交通アクセス：和歌山電鐵貴志川線 伊太祈曽駅（徒歩5分）
□■□■□

第四章　オオクニヌシの国づくり

歌で繰り広げられる神々の恋

『神さまと友達になる旅』〜オオクニヌシの国づくりの地を巡る〜

次なる僕らの目的地は、新潟県は糸魚川市 天津(あまつ)神社境内にある、「奴奈川(ぬなかわ)神社」。

あ　奴奈川神社…ヌナカワ姫…、と言われてもピンと来ない人もいるかもしれませんね

ス　昨日のオオヤビコの指示で、根の国に向かったオオクニヌシ。そこでこの俺、俺、俺に鍛え上げられ、やつは立派な王たる力を持つ男になった。…が

あ　…が？

ス　同時に、女癖も悪くなった…

あ　有名な話ですね…。「オオクニヌシ＝八千矛(やちほこ)の神」という異名…

ス　ほんまに…。なんちゅう異名やねん…「八百矛」ぐらいで留めておけばいいのに…

225

あ 数の問題ではない

ス （笑）どっちにしても、全国のあっちこっちの女神に手を出すようになったオオクニヌシが、「聡明で美しい」という噂を聞きつけて、わざわざ出雲からここ越国（新潟）まで出向いた。そこまでして、モノにしたいと思った女神、それが「ヌナカワ姫」

そんなことを話しながら、僕らは、北陸新幹線に乗って、「糸魚川駅」（北口）へ。そして駅から、日本海側に向かって少し歩くと、そこには…？

あ ヌナカワ姫の像ですね。…と、足下の子どもは？

ス 諏訪のタケミナカタ

あ マジ！？あの「国譲り」でタケミカヅチさんと戦った、タケミナカタさん！？

ス オオクニヌシとヌナカワ姫の子どもやからな

あ …そういえばそうやった！！あらためて実際に見ると、衝撃

ス 神話は知れば知るほど、いろんなつながりが見えて来て

　　　　　　　　　　　第四章　オオクニヌシの国づくり

　楽しくなるよな。あと面白い話をもうひとつ。この像が向
　いている方角はな、オオクニヌシのいる出雲の方角やねん
あ　そうやって聞くと、ロマンを感じるねぇ
そして僕らは駅の反対側（南口）へ。そこから徒歩5分。天
津神社に到着した。

※こちらは拝殿。本殿はこの後ろにある。

実はヌナカワ姫は、天津神社の主祭神ではなく、本殿横の境

内社である、「奴奈川神社」のご祭神。

あ　これにはなにか理由があるんですか？

ス　神社やそこの祭神というものはかつては、当然各地方、それぞれの人々の信仰によって、つくられて成り立っていた。しかし、絶対的な権力者が全国を統治するようになると、各地方の神社の祭神を入れ替えたり、変更したりということもあったからな。まぁ歴史の流れのなかでの話よ

あ　そうなんだ…。そういうことも調べないと、全然分からないですもんね…

ス　だからここの「ヌナカワ姫」は、かつてこの地域一帯を統治していた、「巫女」だったんじゃないかとも言われている。「巫女」って言っても、今の巫女とは全然イメージが違うで。シャーマンとか、卑弥呼みたいなものと言えば分かりやすいかな？ヒスイを神具として用いて、占いや呪術で、国を統治していたという

第四章　オオクニヌシの国づくり

あ　マジか。
ス　まぁいつも言ってるけど、俺が提示するのは、あくまで「説」な。決して答えを与えるのが神の役割ではない。道は自分で見つけていくものやから。それが神の道であり「神道」。こういったことを知った上で、答えは自分で見つけていけばいい

そんなことを話し、「奴奈川神社」で参拝。

ペコリ、ペコリ、パンパン、ペコリ。（二礼二拍手一礼）
…さて、オオクニヌシが求めた、「聡明で美しい女神」とは…？

…。
……。
………。
…………。

あ 本当に美しい…

ス お前は幸い、女神は美しく呼び出せる傾向にある。男は比較的、変なのが出る確率が高い。

ヌナカワ姫 スサノオ様、お久しぶりでございます

ス おぅ、ヌナカワ姫。相変わらず綺麗やな。まぁ俺のクシナダには敵わんけどな

ヌナカワ姫 スサノオ様、綺麗だなんてお恥ずかしゅうございます。ご冗談はおよしになってください

美しい言葉遣いと、気品あふれる態度でスサノオさんと接するヌナカワ姫。まさしくオオクニヌシが惚れた、女神の姿がそこにあった。

ス おい、ハゲ頭

あ はい、もうハゲ頭でいいです。なんでしょう？

ス お前、ヌナカワ姫の有名な歌は知ってるやろ？

あ　あぁ、あのオオクニヌシさんが、わざわざ出雲から出向いて来たのに、ヌナカワ姫は部屋にも入れてくれなかった。それでも諦めきれないオオクニヌシさんが歌った、求愛の歌に対して、ヌナカワ姫さんが返した歌ですよね。「古事記の恋愛物語」

ス　ヌナカワ姫、あれ、歌ってくれるか

ヌナカワ姫　スサノオ様…、お恥ずかしゅうございます…

ス　歌ってほしゅうございます…

あ　聴かせてほしゅうございます…

ヌナカワ姫　……分かりましたでしゅうございます……

…。

……。

………。

…………。

あ&ス　（意外にノリがいい）

そんな僕らに、ヌナカワ姫さんはゆっくりと、美しく艶やかな声で、歌を歌い上げる。ヌナカワ姫さんを求める、オオクニヌシさんへ歌った歌。

ヌナカワ姫　八千矛の神さま、わたしの心は、フラフラ彷徨う水鳥のよう。今は、自分のことしか考えていない哀れな鳥。しかし、いずれは、あなた様の鳥になるのでしょう。緑の山に日が沈んだなら、闇に包まれた夜がやって来

ます。そのときにまた朝日のごとく、さわやかにその姿を
お見せください。そうしたなら、私はコウゾ（クワ科の植
物）の綱のような、白い腕であなたを抱き締め、泡雪のよ
うな、若く白い乳房であなたを包むでしょう。手をぎゅっ
と握って絡ませて、足と足を重ね、思う限りの一夜を過ご
しましょう。ですから、どうか急ぐような恋などなさらな
いでください

※「古事記のヌナカワ姫の歌」を荒川意訳。

あ　…な、なんかドキドキする…

ス　やろ！？やろ！？！？めっちゃドキドキせーへん！？
俺も！俺も！！最初聞いたとき、めっちゃドキドキして
ん！！！！なんかな！！想像したらな！！めっちゃドキド
キすんねん！！

あ　神が無闇にテンション上げるな。あんたは男子中学生か

ス　（´・ω・｀）

あ　そ、それにしても、オオクニヌシさんのどこがそんなに
良かったんですか？

僕の問いに、ヌナカワ姫さんは頬を赤らめて、恥ずかしそう
に答える。

ヌナカワ姫　…一生懸命なところ…でございます…

あ　一生懸命…ですか。やっぱり出雲から新潟まで、わざわ
ざ出向いてきたところとか？

ヌナカワ姫　そう…でございます…

第四章　オオクニヌシの国づくり

ス　フン、ただ女好きなだけやないか

あ　スサノオさん、自分以外が誉められたら拗ねる癖をおやめなさい

ヌナカワ姫　お恥ずかしい話ですが、分かってはいても、女というものは、男性のそういった思い切った行動に弱いものです

あ　確かにそうなの…かな？僕は男だから、あんまり分からない感覚だけど

ヌナカワ姫　たとえ力を持っていても、いつのときも少年のように目を輝かせて、一生懸命。私の知るオオクニヌシ様は、そのような神様でした

あ　なんか…ますます…オオクニヌシさんに対する謎が深まりますね…

ス　まぁオオクニヌシのことは置いといて、ヌナカワ姫のような恋物語をしたければ、この神社に来て、ヌナカワ姫に会いに来ればいい

ヌナカワ姫　はい…。私は「縁結び、子授け」の神でもございます。いつでもまた皆さまをお待ちしております…

あ　なんだか心が洗われました。素敵な歌をありがとうございました

ス　…エロ神さまことオオクニヌシ様、あなたにたぶらかされて、私の心は、溺れてもがき苦しむ、ダチョウのよう…

あ　変な替え歌で、せっかく祓われた俺の心を穢すな

□■□■□

今回登場した奴奈川神社の紹介

奴奈川神社

所在地：新潟県糸魚川市一の宮 1-3-34

主祭神：ヌナカワ姫、ニニギノミコト、アメノコヤネ、フトダマノミコト

交通アクセス：JR 西日本・えちごトキめき鉄道 糸魚川駅（徒歩約 10 分）

□■□■□

第四章　オオクニヌシの国づくり

神に叱られる

『神さまと友達になる旅』〜オオクニヌシの国づくりの地を巡る〜

これまでにまだ完全な王になる前のオオクニヌシにゆかりのある神々として、白兎神、オオヤビコ、ヌナカワ姫を巡って来た。次に僕らが向かう地は、彼を完全な日本史上初の王に引き上げた、大切な三柱の神々を祀る地。奈良県は「大神神社」。

あ　大神神社…。日本最古の神社とも言われていますね…

ス　まぁ当然「日本最古」であるかどうかは、いろんな説があるけど、ここが神社のもっとも古い形を、今も遺していることに変わりはない

あ　というのも？

ス　お前、「神奈備」っていうのは知ってるか？

あ　知らん。

ス　カンは「神」、ナビは「隠れる」を意味し、「神が隠れ籠

れる場所」という意味
あ　ふむ。それがどないしましたん？
ス　ここ（大神神社）の、ご神体ぐらい聞いたことあるやろ？
あ　確か…、この大鳥居の向こうに見える…？「三輪山(みわやま)」でしたっけ？

ス　そう。この山を敬(うやま)い、この山を畏怖(いふ)し、この山を神とする。そしてその場所を、神の住まう神域（神奈備）として、本来、人の立ち入りを許さず、本殿すらも立てず、ただ拝する。それが、原初の神の祀り方。その形を今も遺しているのが、ここ「大神神社」。それがゆえに、ここは「日本最古の神社」とも言われている
あ　なんか…そういうことを聞くと、背筋がピシッと伸びるね…
ス　その感覚よ。その感覚こそが、古代人が自然のなかの神を畏れ敬い、奉りはじめた感覚よ

そんなことを話しながら、参道を歩き、拝殿（本殿ではない。大神神社には本殿と呼ばれるものがない）にて参拝。

第四章　オオクニヌシの国づくり

あ　オオモノヌシさん…とは、ここで会えるんですか？
ス　ここじゃないほうがいい。もはや有名な話やけど、ここのご神体の「三輪山」に登拝することができる。せっかくなら、オオモノヌシにはそこで会ったほうがいい
あ　そうなんですね。じゃあさっそく向かいましょう
ス　…の前にや、会っておいたほうがいい神がおる
あ　？
ス　こっちや

スサノオさんに促されてついていくと、そこには…？

あ 久延彦…神社…？クエヒコって、オオクニヌシさんに知恵を授けたという、あのカカシの神さま？

ス そう。それと祀られている場所は少し離れてるけど、「オオクニヌシの国づくり」を、一番傍で支えたスクナヒコナ。この二柱の神には、オオモノヌシに会う前に会っておいたほうがいい

あ そうなんですね。分かりました

そして、久延神社にて参拝。

ペコ、ペコ、パンパン、ペコリ。（二礼二拍手一礼）

ス ………。…お前今、ちゃんと心込めて、挨拶したか？

あ え…？いつもどおりやったつもりですけど

ス ………

そして…？

クエヒコ&スクナヒコナ ちょりーす！！

第四章　オオクニヌシの国づくり

「知恵の神」クエヒコさんと、「薬の神」スクナヒコナさんの登場である。
あ　………
ス　お前、今思ってるやろ？
あ　なにをでしょうか…？
ス　「ほんまにカカシやん…」って
あ　（図星。笑）
ス　日本の神はこうしてカカシですら神にして、こんな立派な社殿を建てて祀るんやから。俺が言うのもなんやけど、本当に面白いよな
あ　そう思います…（笑）
そして…？
スクナヒコナ　あれ！？スサノオさん！？！？
クエヒコ　スッさん！おーひさーしぶりーっす！！ちょりーっす！！

…。

……。

………。

…………。

あ＆ス　（なんでカカシがギャル男みたいなしゃべり方やねん…）

ス　おぅ、久しぶりやな。ちょっとオオモノヌシに会いに来てな。その前にお前らの顔も見とこうと思ってな

スクナヒコナ　いやぁうれしいな〜！！スサノオさんのそういうところは、本当にオオクニヌシさんと一緒！！

クエヒコ　一緒っす！一緒っす！！マジマジマジで一緒っす！！

なぜか興奮する二柱の神に、割って入るような形で、僕が質問をする。

あ　オオクニヌシさんと一緒？どういうことですか？

クエヒコ＆スクナヒコナ　………

あ　（え？なに…？この反応…？）

クエヒコ＆スクナヒコナ　あんた、誰（真顔）？

あ　…！？

ス　まぁ確かにそらそうや。先に自己紹介せんかったお前が悪い。参拝のときと同じで、神に話し掛けるのは、ちゃんと自己紹介してからにせい

あ　あ、そ、そういうことですか…。すいません、荒川祐二と申します…。お邪魔しております

クエヒコ＆スクナヒコナ　（シラー…）

あ　（え？超ノー歓迎モード…。なんで？）

ス　お前が順番を間違えるからや。それに悪いけど、さっきのお前の参拝の仕方には、「慣れ」が先に立って、ちゃんと心がこもってなかった。神は基本優しいとはいえ、なかにはこうして筋道に厳しい神もおる。オオモノヌシなんか、それの最たる神や。だからその前に、このクエヒコとスクナヒコナに、挨拶させに来たんや

あ　そ、そうだったんですか…。…それは大変失礼致しました…。本当にすみませんでした…

こうして神さまに会うことに、どこかで慣れてしまっていたのか、迂闊だった自分自身に本当に反省し、スクナヒコナさんとクエヒコさんに頭を下げる。

ス　まぁここもそうやけど、祭神が多すぎる神社もあるから、主祭神に参拝する前に、全部の神をまわれとは言わん。ただ、やっぱりその主祭神以外の神にも敬意を持ち、気に掛ける気持ちだけは、常に持っておかなあかん

あ　…はい…。…許してもらえたのでしょうか…？

…。

……。

………。

…………。

クエヒコ&スクナヒコナ　ちょりーす！！

あ　（ビクッ！？）

ス　きちんと反省して謝ったら、後腐れがない。それが日本の神々の良さでもある（笑）

あ　と、とりあえず良かったです…（汗）

スクナヒコナ　で、そこのタラコくちびるさんは、今からオオモノヌシ様に会いに行くんですか？

クエヒコ　イエッ！！「タラコのお化け」イエィッ！！

あ　誰がタラコくちびるや。っていかんいかん、反省中の身…。はい、今から…

スクナヒコナ　オオモノヌシ様は僕たち以上に、本当に礼儀や筋道には厳しい方ですから、気をつけてくださいね

クエヒコ　Yeah!! 筋 way！！

ス　カカシ、うるさいぞ

スクナヒコナさんは、優しく、それでも一本筋のとおった口調で、ハッキリ言う。

スクナヒコナ　オオクニヌシ様もスサノオ様も、国を背負うほどの方こそ、皆さんこういった足もとのことを、大切にされます。なにより相手がどんな立場であっても、誰に対しても優しくて、平等で、愛が深い。その背中を見て、我々は「この人のために」と思い、応援をするのです。そのことを忘れずになさってくださいね

あ　ありがとうございます…

第四章　オオクニヌシの国づくり

ス　まぁ俺の感覚やけど、国津神系の神々は、こんな感じで、筋道に厳しい神々が多い。スクナヒコナは厳密には国津神ではないけど、オオクニヌシに近かったからな。お前もいい経験したな。次から気をつけるように

あ　本当に…。あらためて、慣れてしまっていた気を引き締めさせられた気がします

スクナヒコナ　スサノオさんが連れてくるほどですからスサノオさんもこの方に期待をしていらっしゃるんでしょう。なら我々も本気で接するのが、礼儀です

クエヒコ　イエッ！！スクナヒコナッチ！！侍みたい！！Yeah！！

ス　ま、そういうことや（笑）こいつらは確かに侍みたいな気質があるけど。いろんな神がいて、いろんな顔がある。だからこそ、常に「敬意」という一本の芯は忘れず、一つひとつの出会いと言葉をすべて大切なこととして、噛み締めて、しっかり勉強していけ

あ　分かりました。ありがとうございます

クエヒコ＆スクナヒコナ＆ス　それにしても、真顔がキモい

あ　どいつもこいつも、顔のことはもうええやろ！！

スクナヒコナ　オオモノヌシ様に言っておきますね。「今から、顔がキモいタラコくちびるが来ます」と

あ　そういうのはやめろや！！

ス　ハッハッハッハッハッ！（笑）

あ　ていうか、そもそもお前が先に自己紹介のことちゃんと

言ってくれてたら、問題なかったんちゃうんかい！

ス　めちゃくちゃな逆ギレすんな、ドアホ！！

第四章　オオクニヌシの国づくり

オオモノヌシに会いに行く
引き続いて、大神神社。

久延彦神社での参拝を終えて、次に僕らが向かったのは、大神神社のご神体でもある、「三輪山の登拝」。
※登山ではなく、あくまで参拝なので「登拝」

あ　………
ス　なに緊張してんねん
あ　いや、そりゃまぁ…。オオモノヌシさんは人（神）一倍、筋道や礼儀に厳しいと聞けば、やっぱりね…

そんなことを話しながら、境内のなかにある、「狭井神社」横の、社務所にて受付を済ませる。そして、鈴のついた参拝証を頂き、登拝口へ向かう。

ス　おい、ちゃんと祓っていけよ
あ　そうですね

スサノオさんのその言葉に従い、自分で大麻を振って、

きちんと穢れを祓ってから、いざ三輪山へ。

第四章　オオクニヌシの国づくり

（※ここからは写真は厳禁なので、別の場所の写真を使ってイメージでお伝えします）

あ　…はぁ…、はぁ…。し、しんどい…

この登拝の目的は、どこまでいっても「参拝」である。元々は太古の昔より神の鎮まる神聖な山として、完全な禁足地だったそうだが、熱心な方々のご尽力により、実現している「参拝」だということを忘れてはいけない。そうして途中の滝や

※イメージ
急な登り坂を終えて、

※イメージ

第四章　オオクニヌシの国づくり

いよいよ標高 467.1 メートルの三輪山山頂、「奥津磐座」へ到着する。

※イメージ

あ　はぁ、はぁ…。な、長かった…

ス　どうや？今の気分は？

あ　き、気分…？しんどくて、な、なにも考えられないです…

ス　それがな、大切やったりすんねん

あ　…？ど、どういうことですか…？

ス　ここに来るまでにしんどくて体力使って、でも一心不乱に神のもとに向かって歩き続けていく。そのなかで、知らず知らずのうちに、その心の「穢れ」が祓われているということや

あ　そ、そうなんですか…？

ス　あぁ。今、疲れ切って汗だくのこの瞬間に、涼しい風が

吹いてみ？目の前に、綺麗な水が流れる滝があらわれてみ？その瞬間、君らはきっと思うやろう。「神さま、ありがとう…」って。この心の感覚こそが、古代の人々が、自然のなかに神の姿を見て、感謝し敬った感覚よ

あ た、確かにそうかもしれません…

そう言った瞬間に、確かにフワリと、僕らがいる場所に風が吹いた。

※イメージ

ス …ありがたいやろ？この感覚よ。神を敬う上で、この感覚を忘れたらあかん

あ …はい…。確かに…分かる気がします…

ス よし、なら大丈夫や。オオモノヌシに会うか

スサノオさんがそう言った、そのときだった…？

今まで以上の風が吹き、木々のざわめきが強くなった。そして一瞬空が暗くなった…？

と思った、そのときだった。

第四章　オオクニヌシの国づくり

大神神社のご祭神「オオモノヌシ」さんの登場だった。

あ　………

圧倒的な存在感。近くにいるだけで、刺さってくるようなご神威。これがオオモノヌシ。

ス　よぅオオモノヌシ。久しぶりやな

僕にとっては、厳しく感じるオオモノヌシさんでも、スサノオさんはいつもどおりと変わらない様子で、オオモノヌシさんに話し掛ける。

オオモノヌシ　スサノオ…久しぶりだな…

あ　………

ス　おい

スサノオさんに促され、緊張しながらも、僕も挨拶をする。

あ　あ、えっと…。はじめまして、荒川祐二と申します…。スサノオさんのもとで、今たくさん勉強をさせて頂いています。よろしくお願い致します

オオモノヌシ　見ていましたよ…。先ほどの一部始終…

オオモノヌシさんのその言葉に、嫌な汗が僕の背筋に流れる…。クエヒコさんとスクナヒコナさんに対して、やってしまった行いを見られていたのか、と…。

オオモノヌシ　まぁ…次からは気をつけてください…。それでよろしいかと…

あ　は、はい…すみません…

クエヒコさんとスクナヒコナさんの言葉どおり、筋道や礼儀には厳しく、決して甘くはない、オオモノヌシさんという神の姿がそこにあった。

ス　おいおい！固くなるなよ！！このむっつりスケベ！！（オオモノヌシさんに向かって）

あ　ちょっ！！マジ！！マジやめましょっ！！マジで！！

ス　いや、だってお前も知ってるやろ？こいつ今こんな格好つけとるけど、女に夜這いしまくった話

……確かに神話のなかでは、オオモノヌシさんには、女性関係の話がたくさんある…。それにしても、なにも今言わなくても…。

オオモノヌシ　……フッ

あ　（わ、笑った！？）

オオモノヌシ　クッ…、ハッハッハッ。スサノオ、お前は相変わらずお前らしい

オオモノヌシさんのその笑いと言葉に、その場の空気が少し和らいだ。

ス　そうそう。格好つけても、ええことないわ。固いのは口

第四章　オオクニヌシの国づくり

　だけでいい。せっかくこうして俺が人間を連れて来たんや
　から、なにか話したってくれや

オオモノヌシ　フッ…。いいだろう。なにを聞きたい？

オオモノヌシさんが僕に言う。

あ　あっ…、えっと…

心づもりをしていなかった僕は、戸惑ってしまって聞こうと
思っていた質問も飛んでしまった。

あ　………

スサノオ　おい、なにか聞いとけよ

スサノオさんに促されて、咄嗟に僕が思いついた質問は…。

あ　…オオモノヌシさんにとって…、今の人間に足りないも
　のってなんですか…？

咄嗟に出てきた質問がこれだった。

オオモノヌシ　今の人間に足りないもの…

僕の問いに、オオモノヌシさんがゆっくりと、それでもズバッ
と答える。

オオモノヌシ　「感謝」…ですかね

あ　感謝…ですか…

オオモノヌシ　えぇ。知っているかもしれませんが、私は水
　神であり、雷神であり、国土守護の神であると同時に、祟
　りを成す神でもあります

あ　…聞いたことがあります…。「崇神天皇」の時代に、疫
　病や災厄が頻発して、夢枕にオオモノヌシさんがあらわれ
　て、その後オオモノヌシさんを祀ったら、収まったという話

オオモノヌシ　…そうですね…。私が人間界に祟りを引き起

こすとき、それは「感謝の欠如」が引き金となることが多いのです

あ　「感謝の欠如」…

オオモノヌシ　今があることへの感謝…。生きていること、生に対する感謝…。未来があるということの喜び…。人に支えられ、神に支えられ、生きているという実感…。そんな一つひとつを人の心から感じられなくなったとき、やむをえず、大なり小なり、祟りを引き起こすことがあるのです

あ　………。…それで人間が気づくこともあると…

オオモノヌシ　決して私もやりたくて、やっているわけではないのですが…。このまま先の未来を見据えたときに、出来事を起こして、気づかせる必要があるときもある、ということです

あ　…そうですか…

言葉がなかった…。確かにそのとおりかもしれないという気持ちと、今まで楽しいばかりであまり感じることのなかった、「神」という存在に対する畏怖の気持ちが、はじめて鮮明に僕の心にあらわれた。

ス　まぁこれも神や。お前もよく分かったやろ。優しいだけ、楽しいだけが人生じゃない。生きる道のなかで、守るべきところはきちんと守り、大切にするべきところはきちんと、大切にする。それが、「生きていく」ということやねん。それを神々を代表して、教える神もおるということや

あ　…はい…。よく分かりました…。

第四章　オオクニヌシの国づくり

オオモノヌシ　私は「感謝」こそが、すべてだと思っています…。「感謝」なきところに神はなく、「感謝」なきところに幸せはなし。いつの時代もそのことを忘れず、人に、神に、自然に、すべてに「生かされている」ことに、感謝を忘れず生きていってほしいと思います
あ　ありがとうございます…。本当に気が引き締まりました

オオモノヌシさんとの対面は終わった。しかし、僕の心には一生消えることのない、言葉が鮮明に刻まれた。同時に「神の山」、三輪山山頂には、厳しくも優しい風が吹いていた。

□■□■□

今回登場した大神神社の紹介

大神神社

所在地：奈良県桜井市三輪 1422

主祭神：オオモノヌシ、スクナヒコナ、クエヒコ

交通アクセス：JR 西日本万葉まほろば線（桜井線）三輪駅
下車（拝殿まで徒歩約 10 分）

□■□■□

第五章　国譲り

☆鹿島神宮編（茨城）
☆諏訪大社編（長野）
☆出雲大社編（島根）

古事記概説：国譲り

見事日本史上初の王として、国づくりを成し遂げたオオクニヌシ。

しかしそんな彼に、まさかの天からの横やりが入る。天上界（高天原）の神々は、地上世界は本来自分たち天津神の産みの親イザナギとイザナミが治めるべきだった場所であり、イザナミの不慮の死によってその思いこそ形にならなかったが、今こそ本来あるべき形に戻すべきだと主張をしたのだ。そうして国を譲らせるためのさまざまな使者を、オオクニヌシのもとに派遣する。

しかし当然のようにオオクニヌシたちも抵抗。結果的に高天原の使者たちはオオクニヌシに懐柔されたり、裏切ったりと連戦連敗。

業を煮やした天上界が最後に派遣した切り札が、「高天原最強の武神」タケミカヅチ。

その戦闘力は圧倒的で、最後まで抵抗した地上界最強の神タケミナカタさえも圧倒し、オオクニヌシに「国譲り」を承諾させる。

国を譲る条件としてオオクニヌシは、自分の部下たちを配下に入れてあげてほしいということと、自分と自分の子孫たちが住むことができる天まで高くそびえるほどの神殿をつくってほしいということ。

そうしてつくられた神殿こそが、「出雲大社」だった。

第五章　国譲り

高天原最強の武神 タケミカヅチ

オオクニヌシの国づくりの地を経て、次はいよいよ、古事記一番のハイライト。

「国譲り」の地へ。まずそのひとつ目、茨城県は鹿島神宮。

- **あ** タケミカヅチさん♪ タケミカヅチさん♪
- **ス** なにを喜んでんねん。気持ち悪い顔して
- **あ** だって、タケミカヅチさんって、なんだか格好いいじゃないですか。「高天原最強の武神」って
- **ス** …まぁ確かにあいつは俺も認めるぐらい、格好ええわな

そんなことを言いながら、寛永11年（1634年）築の重要文化財、「楼門」を潜り、境内へ。

- **あ** ここの本殿って本当に美しいですよね…。まぁ神社はどこも美しいんですけど…

そして、本殿で参拝。

ペコリ、ペコリ、パンパン、ペコリ。(二礼二拍手一礼)
そして…?

第五章　国譲り

「シュンッ」という音とともに、光の速さで、鹿島神宮のご祭神であり、高天原最強の武神、「タケミカヅチ」があらわれた。

ス　よう、タケミカヅチ
タケミカヅチ　ようこそ。遠方までご足労おかけしました

「高天原最強の武神」にも関わらず、物腰の柔らかいタケミカヅチさんに恐縮して、僕も言う。

あ　いえいえ！もうこうして迎えて頂けるだけで光栄です。
　今日はお邪魔致します
僕がそう言うと、タケミカヅチさんはニッコリ笑って言う。
タケミカヅチ　そうですか。それでは、こちらへどうぞ
そう促されて、僕らが向かったのは、本殿を背にして右側にある、「鹿島神宮の森」。

この先には、タケミカヅチさんの荒魂を祀る「奥宮」、

禊を行う「御手洗」という池などがある。

第五章　国譲り

そこに向かうまでの森のなかで、タケミカヅチさんと会話する。

タケミカヅチ　ここ鹿島神宮の自慢は、この天然記念物にも指定されている豊かな森なのです

タケミカヅチ 森には人の心をやわらげ、活力を与える効果があります。ぜひここに来られた方には、この「森林浴」を味わってほしいですね

その言葉どおり、鹿島の森は本当に素晴らしく、目を瞑って、ただ伸びをするだけで、穢れがどんどん祓われていく。

タケミカヅチ どうです？「鹿島の森」は素晴らしいでしょう？それでは行きましょうか

そうして森の最深部まで進むと、そこにはかつてタケミカヅチさんがこの地に降り立った場所という、「要石」。

第五章　国譲り

僕らはそこの前に立ち、ゆっくりと話をした。

タケミカヅチ　いかがですか、神々の地を巡る旅は？

タケミカヅチさんはイメージに反して優しくて、こうして僕がしゃべるより前に、いろんなことを聞き出してくれる。

あ　はい、おかげさまで。たくさんの神さまに会い、たくさん学ばせて頂いています

ス　こいつ前、オオモノヌシに怒られよってんで

あ　ちょっ、もう、やめましょうよ！！

タケミカヅチ　ハハッ！まぁオオモノヌシはじめ国津神系は怖いところもありますからね。ちなみに、次はどちらへ？

あ　えっと、次は…諏訪大社ですね

タケミカヅチ　諏訪大社…ですか…

「諏訪大社」。その言葉を聞いた瞬間に、一瞬タケミカヅチさんが考え込んだように見えた。それを察したのか、スサノオさんが言う。

ス　お前ら諏訪と鹿島は、まだなんの交流もないんか？

スサノオさんのその言葉の意味。それは古事記の「国譲り」の物語のなかで、タケミカヅチさんと諏訪大社のご祭神 タケミナカタが、争った因縁のことを意味している。そのスサノオさんの問いに対して、タケミカヅチさんが答える。

タケミカヅチ　いえ、そんなことはございません。2011年の東日本大震災…、震災から1か月後、当社近くの浜に、1枚の札が流れ着きました

あ　札？

タケミカヅチ　はい。その札は岩手県陸前高田市の、「諏訪神社」のもの…

タケミカヅチさんのその言葉に、鳥肌が立つ。

タケミカヅチ　なんの因果でしょうね。もちろんその札をきちんと諏訪神社にお返しし、以来鹿島と諏訪の交流は続いております

ス　時を経て、因縁が解消されたということか…。かつては、鹿島にとっての神の使いでもある「鹿」を諏訪の祭りで食べたりしてたぐらいやのにな。まぁそれにしても、タケミナカタは、国津神のなかでも特別な神やからな…

「特別な神」…？その言葉に、再びの疑問が僕の心に浮かぶ。

あ　「特別な神」って、どういうことですか…？

ス　ん…？…そうか、お前は古事記で伝えられている、タケミナカタしか知らんもんな

あ　どういうことですか？

ス　まぁ次に諏訪大社に行くんやから、そのときに直接感じればいい。ただ今言えることは、あいつ、タケミナカタは…、古事記で伝えられているような、タケミカヅチに惨敗して諏訪に逃げ込んだだけの神ではないということや

あ　そ、そうなんですか…

ス　ここ鹿島神宮が位置している場所。ほとんどの神社の鳥居は南を向いているなかで、鹿島神宮だけは西を向いている。それはなぜか？

あ　………

ス　その方角の先には、タケミナカタを祀る諏訪大社があんねん

あ　本当…ですか…

ス　「国譲り」を終えた後でも、あの「高天原最強の武神」が、タケミナカタを抑えるために、この場所で睨みをきかせ続ける必要があった、ということやねん

あ　……。なんだか…壮大過ぎて…言葉が出ないです…

タケミカヅチ　タケミナカタに、実際に会われてみてください。スサノオの言葉どおり、タケミナカタとの戦いは、決して「古事記」で伝えられているように、私が圧勝したわけではありません。どちらに勝敗が転ぶか分からなかった。そのことだけはお伝えしておきたいと思います

あ　そ、そうですか…

にわかに、タケミナカタという神の存在がクローズアップされ、僕の胸に少しの動揺が広がる。

あ　怖い神さま…なんですかね…？

ス　まぁとはいえ、さっきも言っていたとおり、もう鹿島と諏訪の因縁も解消されつつあるらしいからな。その点は大丈夫ちゃうか？

タケミカヅチ　私もそう思います

あ　分かりました…。とはいえ、心を引き締めて参りたいと思います…

ス　まぁそれはそれとしてや、せっかくやねんから、最後に、タケミカヅチに聞いておきたいことはあるか？

あ　聞いておきたいこと…ですか…

そうして、僕がした質問は…。

あ　タケミカヅチさんにとって、スサノオさんはどんな神さまですか？

ス　なんやそれ（笑）俺の前で聞くなや（笑）

あ　なんだか気になっちゃって

タケミカヅチ　私にとって、スサノオ…ですか…。…そうですね…

そうしてタケミカヅチさんは、一拍置いて言う。

タケミカヅチ　良き友であり、良き見本…ですね…

あ　良き見本！？こんなに頭悪いのに！？！？

ドゴンッ！！（思いっきりスサノオさんにお尻を蹴られる音）

あ　……っ！！（激痛に耐える顔）

タケミカヅチ　いやまぁ、確かに頭は悪いですが（笑）見習うところはたくさんあります。そのなかでも特筆するべきところは、誰からも慕われていること。どうです？この旅に出て、スサノオのことを嫌っている神に、出会ったことなどないでしょう？

…確かに。そうかもしれない。

タケミカヅチ　みんなスサノオの生き方が好きで、憧れているんですね。豪快で、常に楽しくて、力があるのに、愛情

が深くて、誰にも平等で偉ぶらない。そして、そんなスサ
ノオが、一番大切にしていることが…

ス　おい、もう恥ずかしいからやめろ（笑）

あ　いいじゃないですか（笑）聞かせてください

ス　もうええわ。おぅ、邪魔したな。もう行くわ。楽しかっ
た

タケミカヅチ　こちらこそ。またいつでも

そうして、スサノオさんは早足で、その場をあとにしようと
する。

あ　あ、タケミカヅチさん！こちらこそ、今日もありがとう
ございました！！

そうして、小さく手を振るタケミカヅチさんに挨拶をして、
僕らは鹿島神宮に別れを告げた。
「スサノオの本当の姿」。

この旅で何度も浮かぶそのワード。
今回も、その核心部分について触れることはできなかったが、
これまでの一つひとつの神々の出会いと、スサノオさんと過
ごす時間の積み重ねから、なぜだか僕はこのとき、この旅の
終わりにはその答えを得ているという、確かな思いを感じて
いた。

□■□■□
今回登場した鹿島神宮の紹介
鹿島神宮
所在地：茨城県鹿嶋市宮中 2306-1
主祭神：タケミカヅチ
交通アクセス：JR 東日本鹿島線 鹿島神宮駅（徒歩 10 分）
□■□■□

第五章　国譲り

強すぎた神タケミナカタ

「高天原最強の武神」タケミカヅチの地、鹿島神宮を経て、僕らが向かったのは、「地上界最強の武神」、タケミナカタの地、長野県は、諏訪大社。

あ　諏訪大社。全国に約25000社（諸説あり）あると言われている、「諏訪神社」の総本社…ですね

ス　この諏訪の地ほど、世間的に言われている話と実際が乖離した場所はない

あ　どういうことですか？

ス　君らがこの諏訪の地と、タケミナカタについて持ってる印象って、古事記で言われているとおり、「国譲り」の争いのときに、タケミカヅチにボコボコにされて敗れたタケミナカタが、出雲からこの諏訪の地まで逃げ込んだ。そのあと、ここに鎮まったっていう話やろ

あ　そうですね

ス　まぁその見方を全否定する必要もないけど、昨日も言ったとおり、じゃあなぜそんなボコボコにされた神さまを、

「高天原最強の武神」、タケミカヅチがその後も鹿島の地から見張りを続けなきゃいけなかったのか？って話やねん

あ …確かに…。どうしてでしょう？

ス まぁそれは、タケミナカタに会ったら分かることやけど。その前に、この地には龍神も、たくさんいることは分かるか？

あ 言われてみれば、確かに…。あっちこっちに龍がいますもんね…

ス 元々ここは、「洩矢神」と呼ばれる、強力な龍神が治め

第五章　国譲り

ていた地でな。その龍神と、後にやってきたタケミナカタが争い、タケミナカタが勝利したと言われている
あ　そうなんですね…。だから、諏訪大社四社が囲んでいる諏訪湖には龍神がいると、代々言われているんですね…
ス　そうやな。まぁこういった話から考えても、タケミナカタというのは、決して弱い神ではない。むしろ…
あ　？
ス　神話のなかであえて、「惨敗した神」というレッテルを貼ってまで、この地に封印せざるを得ない、強すぎた神やったってことやねん
あ　………

あまりの定説とかけ離れた、スサノオさんの話に言葉を失いながら、僕らは諏訪大社上社へ。

ス　おい、これや
あ　？
スサノオさんがそう言って、指差したのは、一本の巨大な柱。

諏訪大社で行われる7年に一度の「御柱祭」。山から長さ約17メートル、重さ10トンもの巨木を曳いてきて、諏訪大社四社の社殿の四隅に立てる一連の儀式の、その実際の柱。

あ …これがどうしたんですか…

ス なんでこんなん、わざわざ神社の四隅に建てるんやと思う？しかも、諏訪大社四社全部に

あ …いや…。全然分からないです…

ス これはな…、一説では「結界」やとも言われてんねん

あ 結界…？「封印」ってことですか？

ス そういうことやな。そこまでして当時の国を治めていた権力者たちにとっては、抑える必要があった存在ってことやわな。タケミナカタが

あ …なんだかもう…。おそろしくすらなってきました…
そして、僕らは諏訪大社拝殿で参拝。

ペコリ、ペコリ、パンパン、ペコリ。(二礼二拍手一礼)
あ ここも大神神社と一緒で、本殿がないんですね。ということは、ご神体は…？
ス この裏の山やわな

そうして、スサノオさんに連れられて、境内から山を仰ぎ見るところへ、場所を移す。

そして…？突然、雲が凄い勢いで流れはじめ、突風のような

風が吹いたとともに、辺り一面に黒雲が広がった。

ス おい、見えるか？タケミナカタの登場や

あ ………

ス おい

あ ……ダメです。見えないです…

ス 封印されてるからか…。それとも神威が、お前に合ってないか…。しゃあない、俺をとおして話すか

あ すいません。お手間をかけます

そして、九頭龍大神と話したときと同じように、僕は目を瞑って、スサノオさんをとおしての、タケミナカタさんとの会話がはじまる。

タケミナカタ スサノオ…さん…？

ス おぉ、久しぶりやな。タケミナカタ。元気してるか？

タケミナカタ お久しぶりです。どうされました、突然？

ス いや、久しぶりに会いたくなってな。それに今この人間（荒川祐二）と一緒に、いろんな神々を巡る旅に出とる。そのなかで、お前の本当の姿を、もっと世間に知ってほしいと思ってな

タケミナカタ ……。…スサノオさん、いつもお気遣いをありがとうございます…

ス お前ほどの神が、「弱い神」や「惨敗しただけの神」と思われ続けるのがイヤでな。それにこの諏訪の地でも、全国的にも、人々に愛され続ける、お前の本当の姿を知ってほしい

タケミナカタ ………。…恐縮です…

ス まぁ本来天地を覆せるほどの、力を持つお前が固くなるな。せっかくやからな、今この場をとおして、人間たちに伝えられること、伝えたいことはあるか?

タケミナカタ …そう…ですね…。決して私事を申し上げるわけではないのですが、歴史や神話に限らず、人生というものを多方面で、さまざまな角度から見ること…。そのことをおすすめ致します。伝えられていることが、決して真実とは限らず、また「答え」と言われているものが、必ず正しいものとは限りません。ひとつの答えに縛られることなく、世に伝えられているだけの言葉を鵜呑みにせず、自分の手で、自分の心で、自分の足で、自分だけの答えを見つけ出していく。そこには必ず、自分だけの「神」というものの答えが、そして、ご自分だけの人生があると思います。そんな人生を一人ひとりが送られていくことを、遠く諏訪の地から、私はお祈りしています

ス …分かった…。それだけ言えば十分やと思うで。お前も分かったよな?

あ　…はい…。正直僕もここに来るまでは、タケミナカタさんのことを、ただ「敗北した神」だと思っていました。そんな自分自身が、今は恥ずかしく思います…

僕のその言葉に、タケミナカタさんが反応し、言葉を返してくれる。

タケミナカタ　その言葉だけで、我々封じられし神々はうれしいものです。ぜひこれからもその気持ちを持って、さまざまな神々に会われてください。きっとそこには、思っていた以上に、遥かに素晴らしい出会いがあるはずです

ス　「神の封印」というものは決して、結界を張ったり特別なことをするだけではない。タケミナカタが「タケミカヅチに惨敗して、諏訪の地に逃げ込んだ神」という「違ったレッテル」を貼り、それを広めていくことで、その神の神威や信仰心を削いでいくという封印の仕方もある。だからこそこうして本質をそれぞれ知って、自分自身の心を「固定概念」や「先入観」で穢れさせた状態で、神々を映し出さないようにな

あ　…はい…。よく分かりました…。ありがとうございます…

そうして目を開けて、諏訪大社全体を仰ぎ見ると、そこにはボンヤリと、しかし確かに壮大過ぎる、タケミナカタさんのエネルギーが映し出された。

第五章　国譲り

ス タケミナカタもな…。全国で祀られる神というのは、それだけの理由がちゃんとあるから。その意味をしっかり考えて、しっかり知識としても学び、これからもそんな神々の、真実の姿を映し出してあげてほしい。前のイザナミのときのように、それが今の、お前にできる役割やねんから

あ …はい…。分かりました…。必ず…

旅に出る当初思い描いていた以上に、頂いたものは大きく、学んでいるものは果てしなく、同時にこの旅が終わったとしても、自分自身の大切な役割が続いていくことが、この諏訪の地で、強く心に刻まれた。

□■□■□
今回登場した諏訪大社上社本宮の紹介
諏訪大社上社本宮
所在地：長野県諏訪市中洲宮山１（その他諏訪湖周辺に三社）
主祭神：タケミナカタ、ヤサカトメノカミ
交通アクセス：JR東日本中央本線 茅野駅（3.4km）
□■□■□

スサノオの娘 スセリ姫

次なる場所はいよいよ、あの「日本史上初の王」、オオクニヌシが鎮まる、出雲大社。

僕らはそんな出雲の地に、早朝に降り立った。

あ 出雲大社…の前に…。ここが「国譲り」の舞台…。「稲佐の浜」ですね…。出雲大社からも近いんですね。車で10分もかからない

ス タケミカヅチが「国譲り」を迫るために、高天原から降り立った場所。そしてタケミカヅチとタケミナカタが争っ

た場所…やな
あ あらためてなのですが、こうして神話の地に、実際に訪れることができるのは、幸せなことだと思っています
ス せやな。少しの知識だけを持って、一歩前に踏み出せば、大好きな神々のゆかりの地にも行ける。飛行機や車や電車、船を使ってな。昔なんか伊勢の地も、この出雲の地も、行きたくても行かれへんかってんから。幸せな時代やで
あ 本当にそう思います
そして僕らは、出雲大社へ。

まだ人気のない、長く美しい参道を歩きながら、僕らは会話をする。

あ …緊張する…
ス なんでや？
あ だって、いよいよ…ですよ。いよいよ、あのオオクニヌシさんとの対面ですから…

ス そんなええもんちゃうぞ。それにこの像かて、なにを格好つけとんねん、このどスケベが
あ （オオクニヌシさんには厳しい…笑。多分、娘を嫁にとられたからだな…笑。）

そして、僕らは本殿の前に立つ。

第五章　国譲り

ペコリ、ペコリ、パンパン、パンパン、ペコリ。（二礼四拍手一礼）
…そのときだった。

?　お父さ〜ん！！
突然明るくハリのある声が響き、遠くから一柱の女神が、辺り一面を輝きで照らしながらこちらに向かってくるのが分かった。

スサノオさんの娘であり、オオクニヌシの妻、「スセリ姫」が僕らの前に、姿をあらわした。

ス　おぅ！スセリ！！久しぶりやないか！！

スセリ姫　ひ、さ、し、ぶ、り〜！！

そう言ってスセリ姫さんは、飛びつくようにスサノオさんに抱きついた。

ス　いやぁ〜、いい！いつになっても、娘に抱きつかれる感触というのは、なにものにも代えがたい。これを幸せと言わずして、なにを幸せという

スセリ姫　お父さん♪お父さん♪大好き☆

あ　………

…美しい。

古事記で伝えられているとおりの、少し気の強そうな目と、お転婆な表情と仕草。ただそれ以上に驚いたのが、時折眩しくてまっすぐ見つめられないほどの、その内から発せられる輝きだった。

第五章　国譲り

眩しすぎて、必然的に僕の目線も、少しだけ顔から下に落とす。
スセリ姫　………
なぜかいきなり、スセリ姫さんが僕を見て、怪訝(けげん)な表情を浮かべる。
ス　どうした？

スセリ姫 お父さん、この人（荒川祐二）誰…？

ス ん？あぁ、今お父さんと一緒に、日本の神の地を旅している、自己愛の塊の男だよ。ちょっと、見た目も気持ちが悪いね

あ ………

スセリ姫 いや…見た目が気持ち悪いのは、ちょっとだけだけど…

あ …おっ！！さすが！！さすが娘さん！！バカ親父と違って、母のクシナダ姫さんに似て常識がある！！もっと言え！！もっと言ってくれ！！

ス お前、喜ぶハードル下がり過ぎやぞ（笑）

スセリ姫 目線がやらしい

あ ガビチョーン！！

ス お前…「ガビチョーン」て、驚くにしてもリアクション古すぎるぞ…（笑）

あ だって仕方ないがな！！あんたの娘が眩しいねんから、視線も下に落とすやろがぃ！！しかし、そうなると…？

第五章　国譲り

あ　オーマイガー！！
ス　お前うるさいぞ（笑）なにを無駄にテンション上げてんねん（笑）
あ　…もうダメです…。今はなにを言ってもダメなパターンに入っているので、そちらで進めてください……
ス　いや、まぁそれにしても、うちの娘が美しいというのはよく分かる
あ　あなたはこんなんなのにね

ス それはお前が描いた、下手くそな絵のせいやろがぃ！！本当の俺はもっと、「イケメン爆発☆スサノオノミコト」じゃ！

あ なぁにが「イケメン爆発」じゃ！！自己愛の塊はそっちやろがぃ！！

ス なんやとこら！！

スセリ姫 プッ…

あ＆ス ん？

スセリ姫 アッハッハ！！この人、お父さんにそっくり！！おもしろ～い！！

ス 一緒にせんといてくれ。俺はこんなにキモくないわ

あ 僕はタケミカヅチさんに似てると言われたい

スセリ姫 フフッ、あーおもしろ（笑）で、今さらだけど、今日はどうしたの？

第五章　国譲り

ス　いや、オオクニヌシに会いに来た。あいつどこにおる？

スセリ姫　まだそこら辺、ほっつき歩いてるんじゃないかな
　〜？いつもいつも、朝帰り、朝帰り、朝帰り…

スセリ姫さんはそう言うと、プクッと頬を膨らませる。その
嫉妬するような姿は、人間の少女となんら変わらず、可愛かっ
た。

ス　まぁ戻ってくるまで待っとくか。じゃあ俺も、そこら辺
　うろついとくわ

あ　ちょっ！マジッ！？行かないで！！スセリ姫さんとなに
　を話せばいいの！？

ス　適当になにか話しとけ。お前の会話能力が試されとる

そうしてスサノオさんは去り、スセリ姫さんと僕だけ（小春
と影狼）が残される。

あ　………

スセリ姫　………

…黙っていても、仕方ないのでなにか話さなきゃ…。

あ　スサノオさんって…、いいお父さんなんですね

僕のその言葉に、スセリ姫さんはなんの屈託もなく、明るく
答える。

スセリ姫　うん、最高なお父さん。父としても、神としても
　尊敬してる

あ　そう…なんですか？どこら辺が？

スセリ姫　そうだね。父として一番は、私たち、家族をなに

より大切にしてくれるところ。神としては、神の歴史の重要な位置には、必ずスサノオノミコトがいるってところかな

あ　どういうことですか？

スセリ姫　「伝説の三貴神」であることはもちろんのことだし、イザナギさんが隠居を決めたとき、アマテラスさんの天岩戸隠れやヤマタノオロチ退治、その後、私の主人オオクニヌシが、国づくりの前に根の国に向かったときに、鍛え上げてくれたこと。大きな場面では必ずそこにスサノオノミコトの影がある

あ　確かに…。でもこう言ってはなんなんですが、決していいことばかりじゃありませんよね。イザナギさんに指示された大海原の統治を放棄した話とか…

僕のその言葉に、スセリ姫さんはムッとしたように言う。

スセリ姫　それはあなたがなにも知らないだけ。お父さんの気持ちも知らないで、知ってるふうに言わないで

あ　す、すいません…。そんなつもりはなかったんですが…

スセリ姫　………

あ　あの…もしよかったらなにか、教えて頂いてもいいですか？お父さんのこと、スサノオさんのこと…

スセリ姫　「なにか」って？

あ　僕もう3か月以上一緒にいるのに、まだまだ全然スサノオさんのこと知らなくて…。でも神さまたちはみんな、「スサノオには本当の姿がある」って言うんです。その答えが

290

第五章　国譲り

まだハッキリ見えなくて…

スセリ姫　……。…じゃあ、人間は誰も知らない話を、ひとつだけしてあげる

あ　…お願いします

スセリ姫　さっきあなたが言っていた、お父さんが生まれてから大海原を統治することを、イザナギさんに指示されたけど、「お母さん（イザナミ）に会いたい！」と言って、役目を放棄し続けた話

あ　…はい。泣き喚き続けて、それに怒ったイザナギさんが、スサノオさんを叱責して、呆れ果てて隠居したって…

そこまで言って、僕は思い出した。伊弉諾神宮で、イザナギさんと会って話したときのこと。そのときにイザナギさんが言っていた、「自分が叱責したときに、スサノオに言い返された言葉によって、自分は隠居を決意した」という、趣旨の話。

スセリ姫　神々のなかでは有名な話…。あのときイザナギさんが、隠居を決めたのはね、お父さん、スサノオの…「愛する者すら幸せにできない者が、どうして神を名乗れるのか！！」という言葉だったの

スセリ姫さんのその言葉に、衝撃が走った。語り継がれている物語とは別の、知られざる真実がそこにあった。

その言葉によって、それまで自分自身の行いが正しいと信じて疑わなかったイザナギさんが、はじめて自分の過ちを認めた。愛する妻イザナミさんを黄泉の国から出られなく

してしまった自身の仕打ちを嘆き悔い、そして、「自分は
もう神でいてはいけない」と悟り、表舞台から去ることを
決意したということか…

あ　………

言葉がなかった。あまりの真実の衝撃に、まだ頭が整理しき
れない。

スセリ姫　お父さんは、いつも言ってる。「神であろうとな
　かろうと、そんなことは関係ない。大切なことは、人間で
　あろうと、神であろうと、目の前の大切なものを、いかに
　大切にしていくか、それだけなんだ」って。その思いだけは、
　昔も今も、ずっとぶれない。だから私たちのことも、ずっ
　とずっと大切にしてくれるし、天津神であっても、国津神
　であっても、人間であっても、誰であっても関係なく、い
　つでも誰にでも、優しくて温かい

あ　………

スセリ姫　……。そんなお父さんが、私は大好き

あ　…ありがとう…ございます…

スセリ姫　あ、オオクニヌシさんも戻ってくるみたい。お父
　さんも戻ってくるだろうから、話はここまでね

出雲大社に日が射して、スサノオさんという神の、知られざ
る一部の真実の解明と、これからはじまるオオクニヌシさん
との対面によって、新たな未来が拓かれていく。
いよいよ、「日本史上初の王」オオクニヌシがあらわれる。

第五章　国譲り

日本史上初の王オオクニヌシの物語

スセリ姫　もうそろそろ帰ってくるんじゃないかな？…あっ！
そう言って、スセリ姫さんが視線を投げたその先には…？

あ　あんたかい
スセリ姫　お父さん、お帰りなさい
ス　オオクニヌシは？
スセリ姫　多分もう戻ってくると思うんだけど…。…あっ
再びのスセリ姫さんの、視線のその先には…？

あ&ス　カエルやん…

カエル　おはようございやすでげす、ゲコゲコ…

スセリ姫　違うの、この子はね。オオクニヌシさんの使いの子。ねぇ？オオクニヌシさんはどこ？

カエル　今さっき稲佐の浜にいたでげすよ。ゲコゲコ

スセリ姫　そっか！ありがと！！…もう！本当に気まぐれなんだからっ！

あ　…ということですけど…、どうします？行きますか？

ス　まぁええやろ。行くか

そうして僕らは再びの稲佐の浜へ…。

第五章　国譲り

そこには…？
柔らかい日差しとともに、穏やかな風が吹いていた。空と海は青く、雲はゆるやかに流れ、鳥は小さな鳴き声とともに、自由に空を舞い、その姿をただずっと、視線で追い掛ける神。

「日本史上初の王」、オオクニヌシノミコトの姿がそこにあった。
スセリ姫　あなた

オオクニヌシ　………

スセリ姫の問いかけに、オオクニヌシさんはなにも応えない。無視をしているわけではない。ただ、気づいていない。うれしそうにただ、雲の流れを見つめ、鳥の姿を追っていた。仕方なく、僕らもオオクニヌシさんの近くにまで行く。ほぼ背中越しに、気配を感じるはずの距離に来ても、まだオオクニヌシさんは気づかない。

トン、トン、トン、トン…。

スセリ姫さんがオオクニヌシさんの肩を、何度か指でつついた。すると…？

オオクニヌシ　…ん？あぁ、スセリか…。どうした急に？

ようやく気づいたオオクニヌシさんに、おそらくせっかちな性格なのだろう、スセリ姫さんがまくしたてるように言う。

スセリ姫　どうしたもこうしたもないわよ！お父さんが来てるの！全っ然帰ってこないんだから！！

そんなスセリ姫に、毛筋ほどもペースを乱すことなく、自然体のオオクニヌシさんは、笑顔で答える。

オオクニヌシ　ハハッ、そうか。あぁ、お義父さん、お久しぶりです

その自然体さはスサノオさんの姿を、見つけても変わらない。なぜこの神は、これほどマイペースなのか。

ス　おぅ、久しぶりやな。お義父さんとか、気持ち悪いからやめろ。元気してるか？

第五章　国譲り

オオクニヌシ　おかげさまで。お隣の方は？

あ　あ、はじめまして。荒川祐二と申します…。スサノオさんと一緒に今、日本の神さまの地を巡らせて頂いています

オオクニヌシ　そうですか。オオクニヌシです。どうぞよろしく

想像どおりと言って良いのか、悪いのか、爽やかな表情と声で、オオクニヌシさんは僕に少しだけ頭を下げて、笑顔でそう答えた。

ス　相変わらずマイペースなやつやな

オオクニヌシ　せせこましいのが苦手でね。まぁしかし、こうして自然を感じ、自然の流れに沿った生活も悪くないもんです

ス　…フッ。まぁええわ。別に説教をしに来たつもりもないしな

オオクニヌシ　はい。なにか用があるなら、こちらで。無ければ僕はいつまでも、こうして自然を眺めていれば、時間を過ごしていけるので

…なんだかペースが掴めない。オオクニヌシさんという神さまは、いったいどういう神さまなのだろうか。そこの部分が知りたい。

オオクニヌシ　それにしても、そこのお方

そんなことを思っていたら、急にオオクニヌシさんが、僕に話し掛ける。

あ　は、はい！！

オオクニヌシ 立派な役割を持ってらっしゃるんだから、もっと堂々とするのも良いと思いますよ

あ は…？…は、はい！

なにを急に言い出すのか。その言葉の真意も読めなければ、飛んでくる言葉も分からない。オオクニヌシさんという神が分からない。

オオクニヌシ ……。せっかく来られたんだから、少し話しましょうか。ここではなんですから、あちらで

そう言うと、オオクニヌシさんは少し離れた場所を指差して、なにも言わずに、そこに向かいはじめた。

スセリ姫 あ、え、ちょっと！？なに、急に？めずらしい

オオクニヌシ スセリは来なくていいよ。なんだかそういう気分なんだ

スセリ姫 …もうなんなの、いったい…。こんなこと中々ないのに…

そうして僕らは膨れるスセリ姫さんを置いて、「屏風岩」の前に来た。

第五章　国譲り

ここはかつて「国譲り」の後に、オオクニヌシさんとタケミカヅチさんが、未来について語り合った場所だという。その場所に、僕らはいた。

オオクニヌシ　ふぅ…

オオクニヌシさんはそう言って、屏風岩に腰を掛けた。この姿が神話で見た、そのままの世界かと思うと、少し胸が高鳴る自分がいた。

ス　なんやお前、めずらしい。こういうことするやつじゃないやんけ

オオクニヌシ　スサノオさんこそ、どうしたんですか、人間を連れて来て。そんなのはじめてですよ

ス　あぁ、どうしてもこいつ（荒川祐二）とやりたいことがあってな。そのために連れてきた

オオクニヌシ　そうでしょうね。まぁそのやりたいことっていうのも、なんとなく想像がつきますよ

伝説の神々の間で、よく分からない言葉のやり取りが繰り広げられ、僕の心は緊張の度合いを増していった。

ス　おい

そんな僕に、スサノオさんが声をかける。

ス　もういつものことやから、分かってるやろ。オオクニヌシとなにか、話したいことはあるか？

あ　…はい…

どうしても、このときは緊張をする。ましてやこの状況。し

299

かし、僕は意を決して、前からオオクニヌシさんに、聞きたかったことを聞いてみた。

あ　オオクニヌシさんは、古事記での有名な話…、「国譲り」に納得はしていたんですか？

僕のその質問に、オオクニヌシさんは表情を変えないまま、ジッと僕の目を見つめる。

…。
……。
………。
…………。

そのまま、長すぎるぐらいの時間が過ぎた。僕は聞いてはいけないことを、聞いてしまったのだろうか。
そして…？

オオクニヌシ　「国譲り」には、納得はしていましたよ。アマテラスはじめ天の意向も、これから先の国の行く末も、すべてを含めて、ね
あ　そ、そうなんですか。…そ、それはなぜ…？
勇気を出して、踏み込んでみた。緊張は限界に達して、言葉すら震えていたけど、聞かなければいけない、そんな気がしていた。

第五章　国譲り

オオクニヌシ　………
ス　嫌なら答えんでもええぞ。俺から言おうか？
オオクニヌシ　いえ…。確かに神話の流れだけを見れば、あの「国譲り」の部分は、アマテラスをはじめ、高天原の身勝手な話に見えるでしょう。僕たち国津神が、せっかくつくりあげた国をいきなり来て、「譲れ」なんてのはね
あ　確かに…そう思います…
オオクニヌシ　しかし、物事はもっと奥深くを見なければならない。僕はある意味天の応援を受けながらも、力と争いで、この混沌とした国を制した。…しかし、天が望む世界は、決しそのような世界ではなかった。それが答えということです
あ　ど、どういうこと…なのでしょうか…？

オオクニヌシ　争いではなく、「愛」と「尊敬」によって、統一された世界を目指すこと。それが天の意向だったということです。そしてそのためには、力と争いでこの国を制した、僕の出番はなかった、ということ
あ　………
オオクニヌシさんが語った言葉に、僕は底知れぬ神の世界に触れた、そんな気がした…。
あ　オ、オオクニヌシさんは、それで納得したのですか？
オオクニヌシ　それは未練や葛藤はありましたよ。しかしもう私は、戻れなくなってしまっていましたから。一度力と争いで他を制したものは、その後もずっとずっと、戦い続

けなければならない。そういう意味で、そのときの天の意向というのは、ある意味の私にとっての助け舟であり、かつて自分自身でも描いていたはずの、理想でもあったということです

あ　そう…なんですね…。でも、そのご決断は辛かった…ですよね…

僕がそう言うと、オオクニヌシさんはフッと笑い、空を見上げながら言う。

オオクニヌシ　いや。そのおかげで迎えられている、今のこの生活も悪くない。重圧から解き放たれ、自然を感じるままに、この国を愛し、この国の民を思い、この出雲の地の神として、人と人との縁をつなぎ、新たな未来が生まれる喜びに浸り、流れるように、この日々を生きる。悪くない。決して悪くない。神の時代も、人のいつの時代も、歴史というものは、それぞれの一生懸命に生きた思いと、命の結晶があるわけです。それがどんな形であれ、決してそれを否定してほしくない。大切なことは、今を生きるあなたたちが、これからどんな未来をつくっていくかなのだから

青空を背に語られた、オオクニヌシさんの言葉は深くて重く、それでも爽やかに、僕の心にスッと染み込んでいった。

あ　ありがとう…ございます…

オオクニヌシ　後は今スサノオさんとともにいる、あなただからこそ、できることがある。そのことを常に忘れないで

第五章　国譲り

　いてほしい

あ　…それは、いったいなにを？僕はなにをすれば？

オオクニヌシ　僕ができなかった、もうひとつの「国づくり」を成し遂げてほしい

あ　もうひとつの国づくり？

オオクニヌシ　そう。「大切なものを大切にする、国づくり」。「八千矛の神」という異名をご存知のとおり、僕は妻もろくすっぽ大切にしなければ、外に出てばかりで、家庭のことを省みたこともない。しかし、スサノオさんは違う。家族を愛し、友を愛し、仲間を愛し、すべてを愛する神。その「愛する」ということ、「大切にする」ということが、どれだけの幸せを、自分自身にも、まわりにも、そして、やがては、この国全体にも与えてくれるのか。そんな「国づくり」を、スサノオさんとこの現代にされていく姿を、僕は見てみたい。自分ができなかったことだから、なおさら、ね。そしてそれがきっと、かつて天がこの国の民に望んだ生き方であり、スサノオさんが先ほど言っていた、「こいつと一緒にやりたいこと」ってやつでしょう？

あ　………

ス　フンッ、まぁなんでもええわ。お前にしては、めずらしくようしゃべったな

オオクニヌシ　まぁこんな日があってもいいでしょう。それにスサノオさんに鍛えられている姿を見たら、かつての自

303

分を見ているようだ。その分楽しみにしていますよ、荒川
祐二さん

あ　は、はいっ！！ありがとうございます！！今日は、本当
にありがとうございます！！

オオクニヌシ　良い顔だ。人にはそれぞれに必ず、与えられ
た自分だけの使命がある。その使命のためならば、神々は
どんな支援も厭わない。与えられたその命、その魂をめいっ
ぱいに輝かせて、素晴らしき未来を…

そう言うと、オオクニヌシさんはフワッと飛び立ち、そのま
ま出雲大社の方角へ、姿を消していった。

後に遺されたのは、「日本史上初の王」から託された確かな
使命と、彼が愛したこの国の、爽やかで優しい風だった。

□■□■□
今回登場した出雲大社の紹介
出雲大社
所在地：島根県出雲市大社町杵築東 195
主祭神：オオクニヌシ
交通アクセス：一畑電車大社線・出雲大社前駅
□■□■□

第六章　天孫降臨

☆椿大神社編（三重）
☆大山祇神社編（愛媛）
☆富士山本宮浅間大社編（静岡）
☆雲見浅間神社編（静岡）
☆高千穂峰編（鹿児島）

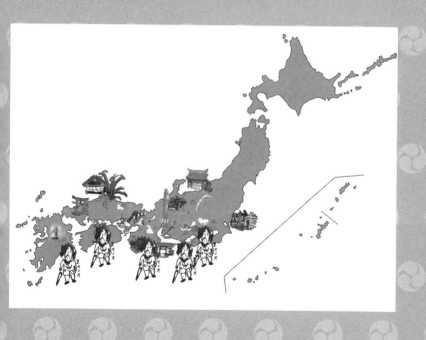

古事記概説：天孫降臨

「国譲り」はこうして成し遂げられた。

しかし次に出てくる問題は、オオクニヌシの後の国を誰が治めていくのか？という話である。

白羽の矢が立ったのは、産まれたばかりのアマテラスの孫ニニギノミコトだった。彼はアマテラスから譲り受けた「三種の神器」と、またこれまでアマテラスを支えてきたアメノウズメやアメノタヂカラオ、オモイカネをはじめ選りすぐりの神々を従えて、「道拓きの神」猿田彦の先導によって地上に降り立った。

地上に降り立ったニニギは、地上世界の景色の美しさに感激し、立派な王となることを心に誓った。

地上に落ち着いたニニギは、まもなく海岸で美しい女神に出会いひと目惚れ。その名はコノハナノサクヤ姫。イザナギとイザナミが産んだ山の神オオヤマツミの娘だった。

ニニギはさっそく求婚。まさかの天孫からの求婚に喜んだオオヤマツミは、それならば一緒に姉もと、姉のイワナガ姫も捧げた。

…が、その姉はニニギから見て美しくなかった…。その結果ニニギはなんと姉のイワナガ姫だけを親元に送り返してしまう…。

コノハナノサクヤ姫はまるで花が咲くように、繁栄をさせる

第六章　天孫降臨

力を持っており、イワナガ姫は岩のように固く、その繁栄を
持続させる力があったという。しかし、姉のイワナガ姫だけ
を送り返してしまったことによって、天の血筋の神にも人並
みの寿命が設けられる運命になってしまった…。

そして、そこに新たな遺恨が…。

アメノウズメと猿田彦

この旅もいよいよ終盤、「天孫降臨の地」を巡る旅へ。
今日は「芸能の神」アメノウズメさんと、「道拓きの神」猿田彦さんの待つ、三重県は椿大神社(つばきおおかみやしろ)へ。

ス ウ、ズ、メ♪ウ、ズ、メ♪
あ ウズメさんに会えることが、そんなにうれしいですか、あんなラブラブな奥さんいるのに
ス ウズメはな…、なんと言っても、「天界のアイドル」やからな。…ということは、この国ではじめてのアイドルということや

あ そうですか（笑）

あ それにしても…ひとつ気になるのですが…。猿田彦さんは「道拓き」の…神？「道拓き」っていったいどういう神さま？

ス 道拓きの神、猿田彦。要は自分自身が目標に向かって努力して、頑張ってはいるけれど、中々上手くいかなかったり、壁にぶつかっているような、そんなどちらに転ぶか分からない状況を打破して、新しい道を拓いてくれる神。それが、猿田彦

あ ふむふむ。確かにアマテラスさんの孫のニニギさんが天から降りる、「天孫降臨」のときに、雲を切り拓いて道をつくったって言いますもんね

そして僕らは、突如降りだしてきた雨に打たれながらも、神秘的な空間が広がる本殿に向かう。

ペコリ、ペコリ、パンパン、ペコリ。(二礼二拍手一礼)
ス ウ、ズ、メ！ウ、ズ、メ！！
あ (うるさいな…笑)

そして…？

…。
……。
…………。
……………。

? みんな〜！お待たせ〜！！

第六章　天孫降臨

「芸能」の神アメノウズメと、その夫、「道拓き」の神 猿田彦があらわれた。

ス　ヒューヒュー！！ウズメ〜！！ウズメちゅわ〜ん！！
ウズメ　！会いたかったよ〜！！
あ　………

スサノオさんが、あれほど「ウズメ、ウズメ」言うものだから、「天界のアイドル」とは、どんなものかと思っていたら…。

…。
……。
…………。
……………。

中々どうして、悪くない…。
ギャーギャー騒ぐスサノオさんに、隣にいる猿田彦さんが、頭を掻きながら苦笑いで言う。

猿田彦 あの〜…一応僕もいるんですけどね…
ス おぅっ！猿田彦！！おったか！！このむっつりスケベ！！

猿田彦　そういうことは言わない（真顔）

あ　（怒られよった。笑）

ウズメ　や〜！それにしても久しぶり〜！！スサノオさ〜ん！相変わらず格好いい〜！！

ス　いやいや、それはまぁ当然やけど。お前の美貌にも益々、磨きがかかっとる

ウズメ　今日はどうしたの〜？

ス　いや、みんなでお前たちに会いに来てん。それだけで元気をもらえるからな

ウズメ　本当に〜！？ワ〜イ！！うれしいな〜！！

猿田彦　その、人間の方もですか？

ス　あぁ、これは俺の相棒や。いろいろ勉強させようと思ってな。こうして全国のいろんなところをまわっている。まぁ、それももうすぐ終わりやけどな

あ　（相棒……）

猿田彦　あぁ、そうですか。スサノオさんにしては、めずらしい。なにか目的や意図でもあるのですか？

ス　そんなんこいつ（荒川祐二）に、直接聞いてくれや

スサノオさんのその言葉に、猿田彦さんとアメノウズメさんが、一斉にこっちを見る。一気に緊張して固くなった僕に、猿田彦さんが爽やかに話しかける。

猿田彦 はじめまして、猿田彦です

ウズメ アメノウズメで〜〜っす！！

あ あ、は、はじめまして。荒川祐二と申します。よろしく
お願い致します。スサノオさんと一緒に、今こうしていろ
んな神さまに会わせて頂いています

猿田彦 そうですか

ウズメ 猿ちゃん、この人悪い人ではないよ〜〜

アメノウズメさんが僕の顔を見るなり、そう言う。

あ ？

ス ウズメにはな、芸能の神であると同時に、もうひとつの
能力がある。それは人の心の内を読み、ウソを見破る力が
あるねん

あ そ、そうなんですかっ…

猿田彦 スサノオさん、この人ちょっと見ましょうか？

ス ん？あぁ、頼むわ

猿田彦 おい、ウズメ

ウズメ は〜い！

あ な、な、なんですか、いったい…？

ス お前な、ウズメと猿田彦が一緒になった理由分かるか？

あ いや、さ、さっぱり…

ス こうしてウズメと猿田彦が祀られている神社に、参拝に
来る。そうして当然、猿田彦のところに来る以上は、今の
現状からの、「道拓き」を祈るわけやろ？

あ そ、そうですね…

第六章　天孫降臨

ス　そのときに、その祈った者の、見据えた先、その未来、そして今思っていること、信じていること、描いていること、そこに嘘偽りがないかを、ウズメが横でしっかり見ている

あ　（…ゴクリ…）

猿田彦　そして、その心に嘘偽りがなければ、私が大きな道を切り拓く。そうして私たち夫婦は、役割分担ができているわけです

ウズメ　そういうこと〜♪

あ　そ、そうなんですね…。わ、分かりました…

…ということは、自分自身の心に嘘をついて、「この道で頑張ります！！」と、どれだけ強く願ったところで、この神々には通用しない。大きな道を切り拓くためには、嘘偽りのない「真実」こそが、必要ということになる。そんなことを思っていると、猿田彦さんが僕の前に立つ。

猿田彦　それでは聞こう。あなたはこの旅を終えた先に、この人生になにを求めるのか？

あ　………

実はこの質問は、ここ最近、僕が考えていたことでもある…。旅を終えてから、いったいどうするのか？どこに向かって歩いていくのか…。その心の内を踏まえた上での、猿田彦さんの、この質問なのだろう…。

315

あ　僕…は…

猿田彦　……

アメノウズメさんが、その大きい瞳で、僕の目をしっかり見つめる。

あ　作家として神さまの話を書きはじめたとき、僕は神道や神さまについての知識や、歴史について書きたいと思っていました

猿田彦　ほう…

あ　でも、この旅が進んでいくに連れて、それが違うということに気づきました。スサノオさんの姿や、たくさんの神々との出会い、そのなかでの会話、一つひとつをとおして、気づいたことがあります

猿田彦　聞こう

あ　僕は「愛する」ことを伝えたいんだ、ということに気づきました。具体的に言うならば、家族や恋人、友人や従業員、仲間…、それぞれの自分にとっての、「大切な人を大切にする」ということ。あたり前のことでありながら、これまで見落とされてきた、大切なこと。その小さな一つひとつの日々の積み重ねが、どれだけの人の人生を変え、自分自身を満たし、人を満たしていくのか。そしてその身近な愛し合い、支え合いの輪が広がっていくことが、どれだけたくさんの幸せを、この世界に生んでいくことになるのか。スサノオさんの、奥さんや家族、友や仲間を大切にする姿や行動、そして、これまでの神々との出会いから、僕

はそのことに気づきました

猿田彦 ………

あ 僕はこの旅が終わってから…、そしてこれからの未来を…、スサノオさんのように、「大切な人を大切にする」。そんな明るく、楽しい未来を、この現世につくっていく。そのための先導役となり、礎となり、生きていきたいと思っています

ス ………

猿田彦 そう…ですか…。おい、ウズメ

猿田彦さんのその言葉に、ウズメさんがもう一段階グッと顔を近づけて、僕の瞳を覗き込む。

ウズメ …嘘じゃ…ないねっ!

猿田彦 そうですか。分かりました。この猿田彦、そしてアメノウズメも、全力で協力して参りましょう。「大切な人を大切にする」。そんな世界や未来のために、大きな、大きな道を切り拓き、我々もともに、素晴らしい未来を歩いて参りましょう

あ …あり…がとう…ご…ざいま…す…

なぜだか、僕はボロボロ泣いてしまっていた。緊張が解けたからというわけでもなく、なにか特別な理由があったわけでもない。ただなぜか溢れる涙を、止めることができなかった。

ス …俺たちの旅は、この旅が終わってからが、本当のはじ

まりやからな
あ　ありがとうございます…。ぜひ…ぜひ、ずっと、ずっと、よろしくお願い致します…

気づけば雨は、上がっていた。見上げた空には、美しい陽の光が溢れ出し、この場所全体を、強く、そして、優しく、柔らかく照らし出していた。

ウズメ　…オェッ…

第六章　天孫降臨

猿田彦　ウズメ、どうした…？
ウズメ　ちょっと至近距離で見ると、この人（荒川祐二）の真顔が、生理的に無理

…。
……。
…………。
……………。

ス　ギャーハハハハハ！！バーカ！バーカ！！ざまぁみろ！調子乗んな、このハゲ頭ー！！ハゲてる！ハゲてるー！！ハゲ散らかしてるー！！顔も無理ー！！そのくせ自己愛モンスター！！
あ　うるさいわ！！このアホ神がっ！！

□■□■□

今回登場した椿大神社の紹介

椿大神社

所在地：三重県鈴鹿市山本町字御旅 1871

主祭神：猿田彦大神、アメノウズメ

交通アクセス：JR 四日市駅から、三重交通バス（椿大神社行き）

□■□■□

第六章　天孫降臨

怒れる神 オオヤマツミに会いに行く

長く続いたこの旅も残り五か所。次なる場所は、瀬戸内海のほぼ中央に位置する大三島にある、愛媛県は「大山祇神社」。

これ以上ない青空が広がるなか、僕らは快適に、ドライブをしていた。

ス　この旅で、どれぐらい移動したんやろうな
あ　ざっくりとですけど、5000キロは越えてるかと…（笑）
ス　ほんまか（笑）でもよく事故、怪我なく来れたもんや。影狼と小春に感謝せなあかんで

あ 影狼と小春に？

ス あぁ。お前は分からんかったやろうけど、お前の目に見えへんところで、小さい災難やトラブルの種を祓ってくれてるのは、全部影狼と小春や。まぁそれが眷属の役割と言えば役割やけど、それにしてもなにも言わずに、この旅の間中ずっと、お前を傍で護ってくれている。あらためて、感謝をしてあげてくれ

あ …そっか…。小春、影狼、本当にありがとう…小春と影狼がいなかったら、どこかで大きな事故とか、怪我とかしてたかもしれないんだもんね…。本当にありがとう

あらためてこの旅はたくさんの存在に支えられて、成り立っていることを深く実感し、車は一路、「伊予国一宮 大山祇神社」へ。

第六章　天孫降臨

あ　ここのご祭神は…「オオヤマツミ」、山の神…。イザナギさんとイザナミさんが、国産みの後の神産みで産んだ、神さまの一柱…ですね。ということは、スサノオさんの先輩にあたるわけですね

ス　うん…。まぁ…そやねんけど…

あ　どうしたんですか？複雑な顔して

ス　オオヤマツミはな…、ちょっと怖いで…

あ　マジ？そうなんですか？前のオオモノヌシさんみたいな感じで…？

ス　いや…オオモノヌシは、筋や礼儀に対して怖い神やろ？オオヤマツミはちょっと違う。いや厳密に言うなら、人間には優しいんやけど…、ある特定の神に対しては怖いというか…

あ　なんですか。スサノオさんにしては、めずらしく歯切れの悪い

ス　いや、まぁとりあえず会えば分かると思う（笑）ちなみに、俺の嫁さん（クシナダ姫）の祖父でもある。まぁ行こか

そんな話をして、参道を歩きながら、呆気にとられるほどのご神木を眺め、そして参拝。

第六章　天孫降臨

ペコリ、ペコリ、パンパン、ペコリ。（二礼二拍手一礼）

…。
……。
………。
…………。

あ　あらわれてくださいませんね…
ス　ちょっと鎮守の森に行ってみよか
※「鎮守の森」とは、多くの神社で本殿の背後にある、神さまが鎮まっている森のこと。
そして、本殿裏の鎮守の森へ。

そこで…？
ス　お〜い！！
スサノオさんのその大きな声に反応するかのように、木々がざわめき、そして…？

大山祇神社の主祭神、「オオヤマツミノカミ」があらわれた。

あ ………

ス なにか…強面…やろ…

あ そ、そうですね…。今までにないタイプというか…

オオヤマツミ おぅ、スサノオではないか。久しぶりじゃな

ス お久しぶりです。変わらずお元気そうで

オオヤマツミ ガハハハハッ！！ワシはいつまで経っても、元気も、元気も、元気も、元気よ！！元気過ぎて罪！！オオヤマ「ツミ」なだけに（ドヤッ）！！

あ＆ス ………

ギャグのセンスは別として、悪い神ではなさそうだ。

オオヤマツミ ガハハハハハハッ！！罪な神！！オオヤマ！「ツミ」！！

あ （まだ言ってる…）スサノオさん、本当にこの方怖い神なんですか…？

第六章　天孫降臨

ス　いや…それは、ほんまに…。とりあえず、それはまたあとでな…

オオヤマツミ　で？今日はいきなりどうした？

ス　いえ、今この男（荒川祐二）と、日本の神の地を巡っていまして、久しぶりにお顔を拝見したいと思いまして

オオヤマツミ　そうかそうか～！人間と話すのも久しぶりじゃ！！ゆっくりしていけ！！ガハハハハッ！！

あ　ありがとうございます（頭を下げる）

オオヤマツミ　ちなみに、その旅というのは、どこへ行くのかの？なんなら他の神にも取り次いでおくが

あ　（なんだ、すごく面倒見のいい方じゃないか…）ありがとうございます、今古事記のなかでの「天孫降臨」の地を巡っていて、ニニギ…

オオヤマツミ　ニニギィッ！？！？

ス　アホッ！！！！

あ　え？え？？？？？

ス　お前あかんねんって！！オオヤマツミの前で一番出したらあかん名前が、「ニニギ」やねんって！！お前、古事記の物語知ってるやろ！！

その言葉に、僕の背中に嫌な汗が流れる。

そう…。「古事記」の物語では、アマテラスの孫が国を治めるために、天から降臨（天孫降臨）した。そのあとにオオヤマツミの娘、「コノハナノサクヤ姫」にひと目惚れし、妻に欲しいと申し出た。それを喜んだオオヤマツミは、「それは

喜ばしいことであるから、それなら一緒に姉も捧げよう」と
言い、姉のイワナガ姫も送ったところ、その姉は…、アマテ
ラスの孫にとってタイプではなかった。そして言った。
「お前は帰れ」と。
それに激怒した、オオヤマツミの祟りによって、天の血筋に
も寿命ができたという（諸説あり）…。その余計なことをし
た、アマテラスの孫の名前こそが…。
「ニニギ」。

あ　ぎぃえぇぇぇぇぇぇぇぇえ！！！！

ス　「ぎえー！！」ちゃうわ！！とりあえず謝れ！！まだ間
　に合うから謝れ！！

あ　すみません！！すみませんでした！！知らなかっただけ
　なんです！！ごめんなさい！！ごめんなさい！！ごめんな
　さい！！

オオヤマツミ　ま、ええよ（ケロリ）

あ＆ス　ええんかい！！（ズコー！！）

オオヤマツミ　ワシは心の広い神。いつまでも昔のことで、
　怒ってばかりいても仕方ない

あ　（ホッ…良かった…）よ、良かったです…。大変失礼し
　ました

ス　（おい、とはいえ、早めに退散するぞ。なにがあるか分
　からん…）

あ　（そ、そうですね…）あ、じゃ、じゃあ僕らはこの辺で
　…

第六章　天孫降臨

オオヤマツミノ　お、もう帰るのか？ゆっくりしていけばいいのに

あ　いえ、まだ先があるので…！！お昼でお腹も空いてきましたし、この辺で…

オオヤマツミ　そうかそうか、ちなみにここら辺は、「鯛めし」が名物じゃ。堪能していけばいい

あ　ありがとうございます！でもさっきコンビニで、「おにぎり」を買ったので、そちらを…

オオヤマツミ　ニニギリィィィィィィィィッ！？！？

あ　ウソやんっ！！

ス　ドアホッ！！言葉に気をつけろって言ってるやろが！！

あ　いや！！こんなん言葉に気をつけるとか、そんなんちゃうやん！！

オオヤマツミ　キサマァァァァァッ！！！！！

あ　違うんです！！違うんです！！本当にそんなつもりはないんです！！

オオヤマツミ　ま、ええよ（ケロリ）

あ&ス　（ズコー！！）

あ　（…もうほんまに…この神、分からへん…）

ス　と、とりあえず、もう行きますわ。お邪魔しました

オオヤマツミ　おう、それじゃあの。元気でな

あ　は、はい！！オオヤマツミ様もお元気でっ！！またこの「続き」の旅があれば、そのときにお会いできることを…

オオヤマツミ 「ニニギ」の旅ィィィィィィッ！？！？
あ&ス さすがにそれは無理があるやろ！！

…。
……。
………。
…………。

オオヤマツミさんをこれほどまでに怒らせた神。「ニニギノ
ミコト」というのは、いったいどういう神なのか。

『神さまと友達になる旅』。残り4か所。

□■□■□
今回登場した大山祇神社の紹介
大山祇神社
所在地：愛媛県今治市大三島町宮浦 3327 番地
主祭神：オオヤマツミ
交通アクセス：瀬戸内運輸・瀬戸内海交通バスで「大山祇神
社前バス停下車（下車後徒歩すぐ）
□■□■□

第六章　天孫降臨

絶世の美女 コノハナノサクヤ姫

次なる目的地は、天孫ニニギ（アマテラスの孫）がひと目惚れしたという絶世の美女、「コノハナノサクヤ姫」が鎮まると言われている、「富士山本宮浅間大社」。

僕らはいつものように目的地に向かって、快適に車を運転していた。

あ　ちょっと予定が変更になっちゃいましたね。元々今日は、イワナガ姫の予定だったけど

ス　今回のこの「天孫降臨」の旅には、大きな目的がある

あ　そうなんですか？どんな目的？

ス　イワナガ姫の封印を解く

あ　…マジ…？なにその大きい話…。っていうか、イワナガ姫って封印されてるの？

ス　まぁそこら辺の話は、イワナガ姫のところに実際行ったときに話すけど、行く順番を間違えたらあかんからな。だから先に、イワナガ姫の妹コノハナノサクヤ姫が鎮まる場所に…。って、その前に…

あ&ス 色変わって、なんか光っとるがな！！
あ な、なんで！？なんで急に！？どうした小春！？！？
ス 成長…ちゃうか…？
あ マジ？それはうれしいけど、なんで？
ス 考えられるのは、お前が猿田彦のところで言った言葉やろ…。「この旅が終わったら、大切な人を大切にする大切さを、伝えていく」って。そのお前の心に反応したんちゃうか…
あ なんだか…うれしいね…。これから進む道が、間違ってないっていうことなのかな
ス そういうことやな。龍神というものもさまざまあるけど、こうしてついた人間とともに成長していくタイプの龍神もめずらしい。多分これからもお前が成長していく度に、大きく進化を繰り返していくんやろう

あ それにしてもなんで黄色？それともこれは金色？？
ス 性質が変わったんかもせーへん。元々「金龍（黄龍）」

第六章　天孫降臨

というのは、四神（中国の四方の方角を司る伝説の霊獣、青龍、朱雀、白虎、玄武）の中心的存在、長とも呼ばれていて、皇帝の権威を象徴する龍とされてはいるけど…

あ　まさか…小春って…凄い龍…？
ス　かも…せーへん…

…それはそれとして。
僕らは目的地の、「富士山本宮浅間大社」に到着した。

あ　はーーーー。もう有名な神社だから、今さらですが、それにしてもいつまでも、色褪せることのない素晴らしさ…
ス　なんと言っても、あの「霊峰 富士」がご神体やからな。これ以上ないほどのパワーよ
あ　それにそこから湧き出る、この清らかな水ですよね。本当に静岡の方がうらやましい

感動に浸り、参道を歩いて本殿へ。

あ ちなみに気になっているんですが…、さっき言っていた言葉で、「イワナガ姫の封印を解く」って…

ス 昨日のオオヤマツミとの話は覚えてるやろ？美しいと言われている妹コノハナノサクヤ姫と醜いと言われている姉イワナガ姫の両方を妻として、アマテラスの孫のもとに送り出され、姉だけが返されたという話

あ ひどい話ですよね…

ス 以来イワナガ姫は伊豆の最西端の地に姿を隠し、自身に

第六章　天孫降臨

　封印をかけてしまった。二度と誰の前にも出てくることの
ないようにな。その封印を解く。そのためにはお前自身も、
事の顛末をしっかり知っておいたほうがいい。だから目的
地を先に、ここ（富士山本宮浅間大社）に変更したんや
あ　わ、分かりました…
そして僕らは、「絶世の美女が鎮まる場所」の言葉に恥じない、
美しい朱色の本殿にて参拝。

ペコリ、ペコリ、パンパン、ペコリ。（二礼二拍手一礼）
…そして…？

あらわれたのは、噂に違わず、美しく輝く、主祭神「コノハ
ナノサクヤ姫」だった。

あ　………

ス　めっちゃ綺麗やろ？

あ　そ、そうですね…

ス　これはニニギ（アマテラスの孫）もひと目惚れするわな

あ　そうですね…

ス　しかし、やっていいことと、悪いことがある。おう、サクヤ姫、久しぶりやな

サクヤ姫　スサノオ様、お久しぶりです…

そう言ってペコリと頭を下げた、コノハナノサクヤ姫さんからは、花のようなかぐわしい香りが漂い、その見た目と合わさって、まさしく一瞬で、心が持っていかれそうなほどだった。

サクヤ姫　ようこそお越しくださいました…

ス　まぁ固くなるな。それにしてもお前はいつでも美しい。富士を背景にすると余計に、その美しさが際立つ

サクヤ姫　やですわ…スサノオ様…

あ　あ、あの…ひとつ聞いてもいいですか？

ス　なんや？

僕のその言葉に、コノハナノサクヤ姫さんも、そのキラキラ輝く、大きな瞳で僕を見る。

あ　あ、はじめまして、荒川祐二と申します。今スサノオさんと、日本の神さまを巡る旅をさせて頂いています

サクヤ姫　そうですか…よろしくお願い致します（ペコリ）

あ　よ、よろしくお願い致します。質問って言っても、変な

第六章　天孫降臨

質問なんですけど、なぜこの場所「富士山本宮浅間大社」の主祭神が、コノハナノサクヤ姫さんなんですか？あまり富士山とは関係がないような…

ス　あぁ、そういう質問か。それは自分からは答えにくいやろうから、俺が代わりに答えたろ。まずはこの「富士」の美しさと、コノハナノサクヤ姫の美貌を掛け合わせたことにある

あ　なるほど…

ス　そこに加えて、古代この「富士山」というものは、噴火を繰り返していた時代があったからな。その火山エネルギーを制御するために、火の力を持つ、「コノハナノサクヤ姫（別名：浅間大神）」を主祭神とする必要があった

あ　火の力？こんなに可愛らしいのに？

ス　古事記の物語にあるやろ？コノハナノサクヤ姫が妊娠をして、それを夫のニニギに告げたところ、「それ本当に俺の子ども？」と言われ、激怒したサクヤ姫が、天の血筋の子である証明のために、産屋に火を放ちながらも、子を見事に産み落としたという話

あ　は、はい…知ってはいたんですが…。そこが由来だったんですね…

…それにしても、ニニギという神の、なんというめちゃくちゃさ…（笑）

ス　聞きたいことは、もうええか？

あ　あ、は、はい！ありがとうございます

ス　じゃあちょっと悪いけど、今日は、俺から話しをさせて
　もらうな。イワナガ姫とはどうや？今の関係は
スサノオさんのその言葉に、コノハナノサクヤ姫は明らかに、
その美しい表情に影を落とし、ポツリ、ポツリと話し出した。

サクヤ姫　姉とは…、やはり未だ、昔のような仲の良い関係
　には…、戻れていません…
ス　…そうか…。やっぱりまだ尾を引いてるか…。少しだけ
　事の顛末を、こいつ（荒川祐二）に聞かせてくれるか？あ
　る程度のことは知っとるから、仲違いしてからの話を聞か
　せてやってほしい
サクヤ姫　……はい……。申し上げたとおり、私と姉 イワナ
　ガ姫は、元々は凄く仲の良い姉妹でした。しかし、ニニギ
　様に追い返されて以来、姉はふさぎ込んでしまい、誰も…、
　私すらも…、受けつけなくなってしまいました
あ　それでさっき言っていた、伊豆の最西端に姿を隠して、
　自分で自分に封印をかけたって…
サクヤ姫　そうです…。「烏帽子山」ですね…。私もなんと
　かしようと、必死になって姉を探したのですが…
ス　探す場所が山であったがゆえに、背伸びをして探す余り、
　ますます背が高くなって、より美しくなり、それをまた姉
　が嫉妬したという、皮肉な伝説も残されている
サクヤ姫　私も決してそんなつもりはなかったのですが…。

第六章　天孫降臨

以来向こうの地元には、「烏帽子山が晴れるときには富士山が雲に隠れ、逆に富士山が晴れるときには、烏帽子山付近の天候が悪くなる」、「烏帽子山に登って、富士山を誉め賛えると海中に振り落とされる」といった、そのような伝説が広まり、地元の人は富士登山を忌み嫌うという、良くない対立関係が生まれてしまったのです…

あ　………

…なんという不憫な話だろう…。仲が良かった姉妹が、たったひとつの出来事で、こんな目に…。神の世界の皮肉に、掛ける言葉が見つからない…。

ス　…だからこそ、その因果を俺たちで終わらせる。サクヤ姫、協力してくれるか

サクヤ姫　…はい…。私にできることがありましたら、なんでも…

ス　イワナガ姫の地に向かう。一緒に来てほしい

サクヤ姫　…わ、分かりました…

ス　神も人も、辛い思いをするのも、苦しい思いをするのも、見ていたくない。やるぞ。絶対に解き放ったる

あ　………

そう言ったスサノオさんの顔は、「ヤマタノオロチを倒した英雄」、その言葉そのままの、強く、頼れる顔をしていた。
思い返せば、イザナミさんのときもそう。タケミナカタさんのときもそう。誰かの相談に乗るときもそう。この方はいつ

339

も、「苦しんでいる誰か」のために動き出すとき、必ずこの顔をする。
そして次に…。神の時代からこの現代にまで続く、悲劇の女神「イワナガ姫」の封印が、解き放たれる。

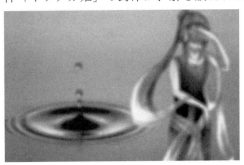

「神さまと友達になる旅」。残り3ヶ所。

□■□■□
今回登場した富士山本宮浅間大社の紹介
富士山本宮浅間大社
所在地：静岡県富士宮市宮町 1-1
主祭神：コノハナノサクヤ姫
交通アクセス：東海旅客鉄道（JR 東海）身延線 富士宮駅から、徒歩約 10 分（800m）
□■□■□

第六章　天孫降臨

封印されし悲劇の女神

「悲劇の女神、イワナガ姫の封印を解く」。スサノオさんのその言葉に従い、僕らは伊豆半島最西端に位置する、「烏帽子山」に向かって海岸線の道を、車を走らせていた。

あ　……

ス　……

車中、僕らに言葉はなかった。

イワナガ姫。古事記の物語のなかで、天より降り立ったアマテラスの孫に、その見ためを否定され、それがゆえに、以降誰の前にもあらわれることのないよう、自身に封印をかけてしまった、「悲劇の女神」。

あ　…ひとつだけ…聞いてもいいですか…？

ス　…なんや？

あ　ここまで来ているから、正直にお伺いしたいんですが…。イワナガ姫さんって、本当に醜かったんですか？

ス　……。その対象がさ、美しいか美しくないかなんて、そ

れぞれの価値観によるもんやろ？

あ ……そう…ですね……

ス たとえばこの絵、これ、「どっちが美人？」って聞かれたら、どう答える。

あ …まぁ…。左と答える人が多そうですけど、右という人も、当然いますよね

ス そうやねん。前も一度話したけど、神も人も価値観なんて、それぞれやねん。美しいも醜いも、それを判断するそれぞれの価値観によるもので、それを決して、誰にも否定される筋合いもない

第六章　天孫降臨

あ　…ということは、決してイワナガ姫さんも醜くはなかったと…
ス　だからそれも、それを判断するものの、価値観によるということや。ただ許されへんのは、イザナミのときもそうやったけど、そんな特定の価値観が後世にまで広まり続けて、それを信じる者が、永遠に後を絶たないという状況やねん。そうなると、その特定の価値観に曝された対象はどうなる？いわれもない誹謗中傷、好奇の目に曝され続け、永遠に悲しみの渦から脱け出せることがない
あ　………
ス　それが、俺は許されへんねん

こんなにも怒りを露わにする、スサノオさんの顔を見るのは、はじめてかもしれない。限界にまで張り詰めた空気の中、車は目的地の烏帽子山、イワナガ姫さんが鎮まる、「雲見浅間神社」に到着する。

ス　ここからは結構大変やで

スサノオさんの言葉どおり、イワナガ姫さんが鎮まる本殿まで、ここから450段の階段を歩かなければならない。

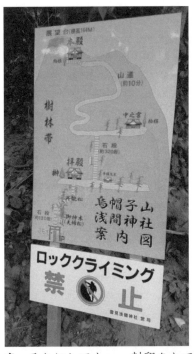

あ それにしても…、封印されているというのなら、せっかく行っても、会ってくださるものですかね…
ス それは、俺がいるから大丈夫や。神々と言えど、誰が行ってもいいというわけではないけど。ここ見てみ

スサノオさんが先ほどの看板を指差した、そこには…？

第六章　天孫降臨

あ　「牛頭天皇(こずてんのう)(スサノオさんと同一視される神)」…。スサノオさんも、ここに祀られていたんですね
ス　あぁ、だからイワナガ姫の辛さ、苦しさを近くで見ている分、余計にな…
あ　………？

スサノオさんのその言葉に、あるひとつの疑問を持ちながらも、僕らは頂上に鎮座する本殿に向かって歩き出す。

あ …マジ…?…終わりが見えない…

真夏の炎天下、息を切らせながら、それでも、人も中々来れないような、こんな高い場所に身を隠さざるを得なかった、イワナガ姫さんの悲哀(ひあい)に触れるような気持ちで、一歩一歩、本殿に向かう石段を踏みしめる。

…。
……。

第六章　天孫降臨

………。
…………。

あ　…マジか…

450段の階段を登り終え、次にあらわれたのは、「イワナガ姫」の名前を連想させるような、デコボコの岩が転がる道に、舗装(ほそう)のされていない山道。

あ　………

しかし、それも文句を言わず、一歩、一歩、ただ歩く。そうして約40分の道のりを経て、ようやく終わりが見えてきて、着いた先には…？

あ ここ…ですか…。閉ざされていますね…
ス あぁ、イワナガ姫の眠る場所…。とりあえず扉を開けてみようか

コノハナノサクヤ姫 姉さんは…、こんな人も中々来られないような小さな場所で…、ずっとずっと…身を隠しているんですね…
ス まぁ地元の方々には愛されていたから、必ずしも完全な独りぼっちではなかったやろうけどな。とにもかくにも、呼び出そう

第六章　天孫降臨

あ　でも「封印を解く」って、どうやって？
ス　とりあえず見とけ。それにはお前の力が必要になる。まずはその前にきちんと参拝や
あ　は、はい…
そうしてスサノオさんの言葉に従い、参拝。
ペコリ、ペコリ、パンパン、ペコリ。（二礼二拍手一礼）
…そして…？

？　サクヤ…？
本殿の奥からか細い声が聴こえ、「封印されし悲劇の女神」、イワナガ姫が、その姿をあらわした。

サクヤ姫　姉…さん…
イワナガ姫　どうして…来たの…？
サクヤ姫　姉さんに…会いたくて…。また昔みたいに…姉さんと話がしたくて…
イワナガ姫　………

サクヤ姫　…姉さん…？

イワナガ姫　…ありがとう…。気持ちはうれしいけど、私は
もうここから出られない身…

サクヤ姫　そんなことない！スサノオさんが、姉さんの封印
を解くって…！

イワナガ姫　…どう…やって…？

ス　…イワナガ姫…。ずっと、ずっと…辛かったな…。苦し
かったな…。もうその苦しみも…、悲しみも…終わりにし
よう

イワナガ姫　…うっ…うっ……。うっ…うぅっ…、うぅっ、
うぅっ…

スサノオさんのその言葉に、イワナガ姫さんは顔を覆い、しゃ
がみこんで涙を流す。その姿からは、無限の時を悲しみのな
かで過ごし続けた、運命の皮肉と残酷さが、嫌というほど伝
わって来て、気づけば僕も涙を流してしまっていた…。立ち
すくむ僕に、スサノオさんが言う。

ス　イワナガ姫の封印を解く方法…。これは神々ではできな
い。実はこれは人間である、お前にしかできひんねん

あ　…そう…なんですか…？神々でもできないことを…なぜ
僕が…？

ス　封印をかけるのは、神々でもできる。しかしな、その封
印を強めていくのは、いつだって人間の想念やねん。イザ
ナミのときを思い出してみ？「黄泉の国で亡者と化したイ

350

ザナミ」という物語が、後世にまで伝え続けられたことに
よって、イザナミはその呪縛から逃れられなくなった。同
じようにこのイワナガ姫も、「醜い姫」という物語が、こ
うして後世にまで、人の間で伝え続けられていることに
よって、自分でかけた封印が、連鎖的に強くなってしまっ
ていってるねん

あ ………

「スサノオさんが同じこの地に鎮座しているのに、なぜスサ
ノオさんが、封印を解かなかったのだろう…？」というさっ
き持っていた疑問に対する回答が、ここにあった。

ス　その人間の想念と長すぎる年月によって、がんじがらめ
　　になった封印を解くには、同じように人間が少しずつでも
　　解決のための、行動を起こしていくしかない…。「ある言葉」
　　を、掛け続けることによってな
あ　「ある言葉」…？
ス　あぁ、その言葉は…「………」。ただこの言葉は俺から、
　　言わされた言葉ではいけない。お前が本心から、思った言
　　葉でないといけない。神々の前で、嘘はつけないから…な
あ　わ、分かりました…

風が吹いていた。
物悲しく、それでいて、なにかを伝えたいような、何度も吹
き抜ける角度を変えてくる風だった。

この悲しい風を、これ以上この場で吹かせてはならない。神の時代から続く、因果をこの現代で終わらせる。その決意とともに、僕はイワナガ姫さんに話し掛けた。

あ　あの…

その僕の言葉に、イワナガ姫さんは一瞬おそれたように、うずくまって頭を抱えたまま、身体を「ビクッ」と震わせた。どれほどの時間を、これほどの悲しい思い、怖い思いのなか、過ごしてきたのだろう。伝わってくる空気が、ただ、ただ、心を締めつける。

あ　すみません…、決して、怖い思いをさせるつもりもないんです…。僕…荒川祐二って言います…。もし…ご迷惑でなかったら…、少しだけイワナガ姫さんと…話がしたいです…

僕のその言葉にも、イワナガ姫さんは、身体の震えを止められなかった。これが、これまでの永遠にも思えるときのなかでの、人間の想念の積み重ねだろうか。イワナガ姫さんから伝わってくる悲しみの色が、見る見るうちに濃くなっていく。

あ　………

気づけば、僕も、もう涙を止められなくなっていた。イワナガ姫さんの悲しみがあまりに深すぎて、感情に触れれば触れるほど、溢れる涙を止めることができなかった…。

第六章　天孫降臨

あ　ごめ…んな…さ…い…。怖い…ですよね…。苦し…いです…よね…。ずっとずっと…、その悲しみを…辛さを…、怖さを…分かってあげられずに…ごめんな…さい…

僕のその言葉を、イワナガ姫さんは身体を震わせながら聞いてくれていたのか、少しだけ震えが、小さくなったような…気がした…。

あ　分かって…頂かなくても…大丈夫です…。信じてくれとも…言いません…。けど僕は、伝えていきたい…。イワナガ姫さんの真実の姿…、これまで伝えられてきた物語とは…違う…、本当の…姿を…

イワナガ姫　………

あ　だから、まずはこれまでの長すぎた時間のことを、僕なんかが代表で、すみません…。でも、謝らせてください…。ずっとずっと…その悲しみを、苦しみを…、知ろうともせずに…、分かろうともせずに…、ごめんなさい…

イワナガ姫　………

あ　もし…許されるならば、これからの新しい時間を…、ともに積み重ねていきたい、と思っています。イワナガ姫さんの本当の姿を…、その素晴らしさを…伝えるための、これまでの過去ではなく…、新しい未来を…見て歩む…、新し…い…時間…を、ともに…歩い…ていき…たいと…

ここまで言って、僕は言葉を発することができなくなった。イワナガ姫さんの身体の震えが止まっていた。そしてそのう

つむいていた顔を、少しだけ僕に向けていたからだ…。

イワナガ姫　…信じて…いいの…？

あ　…はいっ。約束…しますっ。絶対に…、絶対に…裏切らないっ！もう僕も…こんな…、悲しむ姿も…、苦しむ姿も…、見たくない…。神も、人も、もう…こんな姿を…見なくてもいいような、そんな未来のために…、必ず僕は…、約束しますっ…！

そのとき、突如として空気が変わった。さっきまでの物悲しい空気が一変し、柔らかい風が、辺りを包み込みはじめた。

イワナガ姫　ありが…とう…

そう言って、イワナガ姫さんは、立ち上がった。そうしてゆっくりと僕の前に立ち、そのとき、その素顔が…僕の目に、露わになった…。

あ　………え？

あ　…き、綺麗…だ…。ほ、本当に…綺麗だっ！！嘘じゃなくて！！イワナガ姫さん！すごく、すごくっ！綺麗です！！

…心からの本音だった。確かに価値観は、それぞれ。どう捉えるかは、分からない。しかし確かに、僕の目に映るイワナガ姫さんの姿は、「綺麗」だった。

イワナガ姫　…ありがとう…ありがとう…。うっ…うぅっ…

第六章　天孫降臨

うぅぅっ…あり…が…と…う……
サクヤ姫　姉さんっ！！

再び顔を覆ってしゃがみこんだ、姉イワナガ姫さんの身体を、妹のコノハナノサクヤ姫さんが支え、二柱の神は社の外に出た。同時にそこに、長きに渡って切り裂かれた、姉妹の絆が、取り戻されたことが分かった。
「神々が招いた運命の皮肉と悲劇」がここに終わりを告げた。

ス　…ありがとう…な…。お前も…よく…頑張った…
スサノオさんも泣いていた。
この場にいる、みんなが泣いていた。美しい涙だった。これまでの永遠にも思えた、時間のすべてを浄化していくような綺麗な、綺麗な、涙だった。

ス　ただ、まだ終わりじゃない…。イワナガ姫の解けた封印を継続していくために、これから先、またもしイワナガ姫の祀られた神社に行くことや、そしてもし日常のなかで、彼女のことを思うことがあるのなら、そのときは必ず、この言葉を掛けてあげてほしい。「今日も綺麗ですね」と…

そして僕らはイワナガ姫さんを連れて、本殿横にある展望台に登り、イワナガ姫さんの鎮まるこの地を一望した。

あ 綺麗だ！！本当に綺麗だ！！この地に鎮まる女神のように、この場所は美しい！

ス …アホなことを言うな（笑）まぁそれぐらい大袈裟でも、ちょうどいいかもな（笑）

イワナガ姫 …ありがとう…ありがとう…

サクヤ姫 姉さん、これからまた仲良くしようね…

イワナガ姫 サクヤ、ありがとう…。うん…これからも、ずっと…よろしくね…

新しい風が吹いていた。これからの未来を告げる、爽やかで、新しい風だった。

長きに渡る、「悲劇の女神の伝説」に、ひとつの区切りをつけ、

僕らの旅は、大きな未来に向けて、益々加速していく。

ス 次はあのドアホ（ニニギ）に、説教しに行くか

□■□■□

今回登場した雲見浅間神社の紹介

雲見浅間神社

所在地：静岡県賀茂郡松崎町雲見 386-2

主祭神：イワナガ姫

交通アクセス：伊豆急下田駅から松崎・堂ヶ島行東海バス 50 分「松崎バスターミナル乗換雲見入谷行バス 20 分

□■□■□

天孫ニニギあらわる！

『神さまと友達になる旅』も、いよいよ残すは2か所。僕らは「天孫降臨」の地、九州は宮崎へ向かっていた。

あ 「ニニギノミコト」…ですね…。コノハナノサクヤ姫さんとイワナガ姫さんの話で、すっかり悪役になってしまった感がありますが…

ス まぁしでかしたことが悪いとはいえ、決して悪い神ではないねんけどな。それにイワナガ姫からの言葉もある

あ …そうですね…

…そう…。昨日僕らは雲見浅間神社で、イワナガ姫さんの封印を解いた後の帰り道、イワナガ姫さんから言われた言葉がある。

イワナガ姫 …次はどちらへ？

あ 次は「天孫降臨」の地、宮崎へ行ってきます。ニニギノミコトに、しっかり説教してきますよ！（相手は神さまだけど）

イワナガ姫 …それだけは…おやめください…

第六章　天孫降臨

…。

……。

………。

…………。

なんで？

イワナガ姫　ニニギ様もお若いときのことですし、若気の至
りということもございます。それに、大切な妹のご主人で
もあります…。大変恐縮な話ですが、私は自分自身のこと
によって、これ以上争いやもめ事が起きることを望みませ
ん…

あ＆ス　………

コノハナノサクヤ姫　…私が、口を挟んですみません…。決
して悪いところばかりではなく、良いところもたくさんあ
る方なんです…。ただ「天孫」という血筋の重圧が大きくて、
その矛先が、私たち姉妹に向いてしまっていただけで…

あ　…まぁ…。お二方がそうおっしゃるのなら…

ス　………

…そんな経緯を経て、僕らは宮崎県は高千穂峰、登山口へ到
着した。

あ ここから登る山の頂上に、ニニギノミコトが天から降り経った際に、突き刺した「天逆矛(あまのさかほこ)」があるんですね…

ス 言っとくけど、この山、結構大変やで。舐めてたらえらい目に遭う。…をの前に…

あ ？

ス 日本の神の物語を書いてるのに、なんでアメリカ？

あ あ…（笑）い、いいじゃないっすか！！僕だっていろ

第六章　天孫降臨

んな服着ますわ！！たまたまデザインがアメリカなだけ
で！！
そんなこんなを言いながら、最初の鳥居をくぐって、歩きは
じめて5分。さっそく、素晴らしい景色が僕らの前にあらわ
れる。

あ　すご…
ス　これは「斎場（儀式が行われる場所）」やな。「今から登
　らせて頂きます」って、ちゃんとご挨拶してな
あ　はい

ペコリペコリ、パンパン、ペコリ。(二礼二拍手一礼)
…すると…？

？ やっほー♪
ス …ニニギ…？
あ マジ！？いきなり！？！？

突如として高い声が鳴り響き、僕らの前にあらわれた、その名は、「天孫ニニギ」。

ニニギ スサノオさん、久しぶりー！！

…その見た目、喋り方、声の質…。噂に違わず…、チャラい…。

ニニギ なにしに来たんですかー！？
ス いや…一応…お前に会いに来てん…
ニニギ なにそれ！？うれしい〜！あ、でも山登るんでしょ！？こんな場所じゃなくて、せっかくだから、頂上で待ってるね〜！！じゃあね〜！

第六章　天孫降臨

…。
……。
………。
…………。

そう言うと、ニニギはあっという間に、頂上の方角へ姿を消した。

あ　…チャラいっすね…

ス　…想像どおりやろ…

そうしてはじまった、高千穂峰登山。標高 1563 m。登り 1 時間半、下り 45 分と、「言われている」登山は、正直おそろしいほど（想像の 5 倍ぐらい）、きつかった…。

第六章　天孫降臨

あ　ヒィッ、ハアッ、ヒィッ…、き、きつすぎる…。なにこの岩山、まったく舗装されていない道…、きつい、きつすぎる…

ス　それの目的地が、またあいつ（ニニギ）に会いにいくってのが、腹立たしいよな

あ　いや、本当に…。って、神さまに失礼なんですけど…

そして炎天下のなか、伝えられていた以上の、かなりの時間をかけて、ようやく見えてきた頂上。

あ あそこだー！！あそこに「天逆矛」があるぞー！！

そうして着いた頂上には…？

第六章　天孫降臨

あ　これが「天逆矛」だー！！！！！
疲労困憊になりながら、ようやく到着。ま、まじで、きつかった…。（※トレッキングポール≪ストック≫２本は必須です）
ス　よく頑張った（笑）

そしてあらためて、この地で参拝。
ペコリ、ペコリ、パンパン、ペコリ。(二礼二拍手一礼)
…すると…？
ニニギ　へー！よく頑張ったじゃん
再び登場、「天孫ニニギ」。

第六章　天孫降臨

あ　…ハァッ、ハァッ、ハァッ…
あまりの疲労とそのチャラさについ、ニニギを睨みつけてしまう。（相手は神さまなのに。笑）
ニニギ　で、今日はなにしに来たの？
ス　…お前に説教をしに来た…。…が、それができずにどうしたもんかと悩んどる…
あ　（スサノオさん、超ストレート。笑）
ニニギ　そうなの？それはいいんだけど…
そう言うと、ニニギさんは僕の胸元を凝視する。

ニニギ　なんでアメリカ？
あ　服のことはもうええやろがぃ！！なんでもええがな！！
ス　（笑）
ニニギ　で、説教ってなぁに？
ス　昨日イワナガ姫に会ってきた
ニニギ　………

スサノオさんのその言葉に、ニニギさんは一瞬にして、ハッキリと表情を曇らせる。

ニニギ …なんですか…。そのことは…、それはもう…、僕だって反省してますよ…

ス いや、だから言ってるやん。「説教する気はない」って。そう俺たちに釘を刺したイワナガ姫に感謝せぃ。それよりもや…

ニニギ ？

スサノオさんのその言葉に、そっぽを向くように横を向いていた、ニニギさんがこっちを見る。

ス お前も辛かったんやなと思ってな

ニニギ ………

するとニニギさんは、次はなにかを我慢するように、横を見た。

あ ニニギ…さんが…辛い…？どういうことですか？

思わず、僕も聞いてしまう。

ス 王にしか分かれへん孤独というものなのかな…。オオクニヌシのときもそうやったけど、いつの時代も王というものは孤独なものよ。その孤独さと重圧が、ときに「甘えられる対象」だけに、信じられない行動を起こしたりする。それがこいつの場合は、「女性」やったって話やねん

ニニギ ………

ス 特にこいつが降り立ったときの、この九州の地というのは、まだまだ争いが絶えない状態で、それをこいつは、若

くして平定しなければならなかった。そのタイミングでの、
コノハナノサクヤ姫との結婚、イワナガ姫の話でもあった

あ　ある意味、タイミングが悪かったと？国を治める王とし
て、一番余裕がなかった時期だったってことですか？

ス　まぁ、そういうことやわな。こいつ（ニニギ）は決して、
王としては悪い神ではない。全国に綺麗な水種を運び、稲作
を広げ民をきちんと豊かにもした

ニニギ　………

ス　ただちょっとそのときは、女性にその心を甘えさせてし
まったんやな

…分かる気がする。いつのときもリーダーや経営者というの
は孤独で、甘えられる対象、心安らぐ場が、日常のなかにな
い。その思いが、家族、それとも身近な他のものに、ある意
味の甘えや時にトゲとなって、特定の「なにか」に向かって
しまうことは…、よくある。そしてそれをやってしまったと
きに、必ず後悔をしてしまう。しかし、それをまたやってし
まう。それはいつの時代も、神も人も、変わらないのだろう
か。だからこそ、ニニギノミコトも確かにそのときは、辛かっ
たのかもしれない。もしかすると、若過ぎる身で、国を治め
るという重圧のなか、神経がすり減って、正常な判断ができ
なかったのかもしれない。

ニニギ　反論は…しませんよ…。あのときの僕が弱かったの
は、事実ですから…

ニニギさんのその言葉に、スサノオさんがニヤリと笑って言う。

ス　神も、人間も、日々成長中ということや。悩んで、迷って、失敗して、後悔して、それでもきちんと反省して、「次はこんなことにならないように」と、改善と努力を繰り返していく。お前から、今もその気持ちが感じられて良かったよ

ニニギ　………

ス　ほな、いこか。じゃあな、また来るわ

あ　って、簡単に来れるところじゃないですけど（笑）でもなんだか…安心しました…。やっぱり神さまも、完璧じゃないんだって。今さらなんですけど、やっぱり神さまも悩むし、迷うし、切羽詰まって、余裕がなくなることもあるし。それでも僕らと同じで、葛藤もして、成長をしていくんだって。なんだかこの旅の終わりがけに、あらためてこのことを知れたこと…、それが大切だったように思います

ニニギ　………

あ　ありがとうございました。お邪魔しました

そう言って頭を下げて、下山への道へ向かうと…。

ニニギ　イワナガ姫には、ちゃんと謝りたいと思っています

その言葉に、僕らは振り向く。ニニギさんは横を向いていた顔を、僕らにまっすぐ向けて、最後にこう言った。

第六章　天孫降臨

ニニギ　「力をつけることと同時に、立場の弱い者や他者への愛を身につけるべき」。もう遅いかもしれませんが、今、僕が大切にしている言葉です

ス　……。フッ、一応はちゃんと「王」していたんやな。それなりの顔しとるわ

ニニギ　神々にとっても、成長に終わりはありませんから。反省すべきことは反省し、学ぶことは学び、成長と再生を繰り返す。それが終わってしまったら、神も、人も、おしまいですからね

ス　…そういうことやわな

そして再びの大変な登山道を下山し終え、僕らはある神社に向かった。
そこでは「ニニギノミコト」と「コノハナノサクヤ姫」、そして「イワナガ姫」が、同時に祀られていた。

この神社自体は遥か昔からあるはずだけど、このとき僕のなかで神の時代から続く、長年の因果が終わりを告げた。

□■□■□
今回登場した高千穂峰の紹介
高千穂峰
所在地：宮崎県と鹿児島県の県境に位置する火山。標高は1,574m
交通アクセス：霧島神宮駅からバスで40分。
□■□■□

最終章　最高神アマテラス

☆皇大神宮別宮 月讀宮（三重）
☆伊勢神宮 内宮（三重）

旅の振り返り

長かったこの旅も、いよいよ最後の地、そして最後の神、天照大神が待つ、「伊勢神宮」を残すのみとなった。

最後の地を迎えるにあたって、僕とスサノオさんは、久しぶりにゆっくり時間を過ごしていた。

ス いよいよ…終わりやな

あ そうですね。なんだかあっという間…でしたね

ス まぁ、ありえない勢いで全国をまわったからな（笑）どうよ？今の気持ちは？

あ 今の気持ち…ですか。そうですね…。終わってしまうのが寂しい気持ち…50と、よくやり切ったなっていう気持ち…50…、でも…、これから先の未来への希望が50…っていう感じですね

ス （100越えとる…）そ、そうか…。でも、本当に楽しかったよな

あ えぇ、それは本当に。旅に出る前と今と、まったく状況も違いますし

ス どう違う？っていうか、これまでの旅を、少し振り返ってみようか

あ そうですね

最終章　最高神アマテラス

ス　まず旅のはじまりは、東京大神宮「造化三神」
あ　「縁結び」で有名だから、女の子がいっぱいでしたね（笑）

ス　続いて、日本最古の神秘の島（兵庫）「沼島」
あ　このときは僕が疲れ果ててましたね（笑）

ス　黄泉比良坂（島根）「イザナミ」
あ　イザナミさんの思いが悲しくて…、言葉がなかったです…。それにすごい場所でした…

ス 伊弉諾神宮（兵庫）「イザナギ」
あ …イザナギさんの終わることのない後悔を知った場所…

ス 住吉大社（大阪）「住吉三神」
あ スサノオさんのイケメンお兄さんたち（笑）

ス 厳島神社（広島）「宗像三女神」
あ 生意気な小娘どもめ
ス 俺の娘にそんなん言うな（笑）

最終章　最高神アマテラス

ス　天岩戸神社（宮崎）「オモイカネ」
あ　ここも場所のエネルギーが、すごかったですね…

ス　戸隠神社（長野）「九頭龍大神」と「アメノタヂカラオ」
あ　すごいエネルギーの神が同じ場所にいるのが衝撃でした
　…

ス　枚岡神社（大阪）「アメノコヤネ」
あ　笑うことが、一番の「祓い」って言うね（笑）

ス 須我神社（島根）「クシナダ姫」。可愛い！可愛い！！ラブリー！クシナダ！！

あ 興奮すんな（笑）

ス 熱田神宮（愛知）「熱田大神」

あ 僕が熱田大神のことをなにも知らなくて、お会いできなかったね…。失礼しました…

ス 白兎神社（鳥取）「白兎神」…

あ ここは…流しとき…やんすか…

ス そうでやんすな…見ため的に…な…

最終章　最高神アマテラス

ス　伊太祁曽神社（和歌山）「オオヤビコ」
あ　マイケルみたいな笑い方の神（笑）

ス　天津神社（新潟）「ヌナカワ姫」
あ　恋の和歌にドキドキしましたね（笑）

ス　大神神社（奈良）「オオモノヌシ、クエビコ、スクナヒコナ」
あ　僕の礼儀が成ってなくて、怒られた場所…。反省…

ス 鹿島神宮(茨城)「タケミカヅチ」
あ タケミカヅチさんは、いつでも格好いい☆
ス 俺のほうが格好いいわ

ス 諏訪大社(長野)「タケミナカタ」
あ 封印されし、強すぎた神…ですね…

最終章　最高神アマテラス

ス　出雲大社（島根）「スセリ姫とオオクニヌシ」。これは流そか

あ　流すな（笑）オオクニヌシさん…なんだか不思議な感じの神さまだったな…

ス　椿大神社（三重）「猿田彦とアメノウズメ」
あ　ウズメさんが、人気がある理由がよく分かりましたよ（笑）

ス 大山祇神社（愛媛）「オオヤマツミ」
あ いや、いろんな意味で怖かった…（笑）

ス 富士山本宮浅間大社（静岡）「コノハナノサクヤ姫」
あ サクヤ姫、かわいかった〜〜☆

最終章 最高神アマテラス

ス そして、雲見浅間神社（静岡）「イワナガ姫」
あ ある意味、ここがこの旅のハイライトだったのかもしれないですね…

ス 高千穂峰（宮崎）「天孫ニニギ」
あ いや、もう、とにかくよく登ったよ…（笑）
ス こうやって振り返ってみたら、本当に全国いろんなところに行ったもんやな。これで、これを読んでくれている皆

さんが、全国の神社に行くための、「ルート＆道標づくり」もできたんちゃうか

あ そうだといいですけどね。でも本当に、よくやり切れました

？ お邪魔しま〜す！！

あ＆ス ？

…。
……。
………。
…………。

あ＆ス ウソやん！？！？！？アメノウズメにコノハナノサクヤ姫！？！？猿田彦さんも！？！？

サクヤ姫 お、お邪魔します…

ウズメ なんか楽しそうだから来ちゃった〜☆

猿田彦 ウズメが行きたいって言うもんだから…（苦笑）

最終章　最高神アマテラス

あ　な、な、な、なんで！？！？

ス　…いや、まぁ…。これも「旅の成果」やろうな…。この旅で出会ってきた神々が、この旅が終わってからも、さまざまな形で、お前の力になり続けてくれる…。ありがたい話やな…

あ　し、信じられない…

ス　いつかお前に話したことがあったよな。旅に出る目的というのは、その目的地に到達することだけではなく、その道中で得た、自分自身の成長と、友や仲間とのご縁なんやでって。まさしく今がその状況なんやろう

あ　………。ありが…とう…ござい…ます…

ス　だからこそ、この旅が終わったらな、今回の旅で出会ったさまざまな神がまた力を貸してくれる。ウズメや猿田彦、サクヤ姫だけじゃなくて、きっと、オオクニヌシやイワナガ姫、イザナギ、イザナミ、気難しいオオモノヌシやオオヤマツミなんかも、出会ってきた神々全員がな…。

あ　ありがとう…。本当に…ありがとう…

ス　さぁ行くで！！新しい未来へ！！大きな世界へ！！みんなで一緒に！！

伝説の三貴神「月読」

いよいよ最後の目的地、「伊勢神宮」。

僕らはまずは、参拝の「ならわし」とされている、外宮を参り、そして次にある場所へと向かった。
そう、それはスサノオさんのお兄さんであり、伝説の三貴神の一柱。月讀命(つくよみのみこと)が祀られている、「月讀宮」。

この２日間が、旅の最後になる。
そう思えば、道中、僕らの間に言葉はなかった。
神さまのことなんて右も左もほとんどわからないまま、はじまったこの旅。
しかしそのなかで、見えてきたスサノオさんの「本当の姿」。
そして八百万の神々の、これまで古事記で伝えられてきた物語とは違った、それぞれの「等身大のその姿」。実りがあった…、と言えば語弊があるだろうか。
それでも僕はこの旅のなかの、神々との出会いと過ごした時間によって、大切なこれからの「未来」を得ることができた。

その新たなる「未来のカタチ」を、確かなものにするために、この最後の目的地、「伊勢」が、僕らを呼んでいるような気がしてならなかった。

あ …着きました

月讀宮は、その名のとおり、まるで夜のような静けさが特徴的な場所で、鳥居を潜って一歩足を踏み入れる、それだけで、まるで「月の世界」に入り込んだような、錯覚に囚われる。

最終章　最高神アマテラス

短くも、整然とした参道を歩き、その先に、

「伝説の三貴神」の一柱であり、スサノオさんの兄、ツクヨミさんを祀っている「月讀宮」の前に、僕らは立った。

あ　……
ス　…どうした？
あ　まるで導かれたような旅だったな…と思って…。「旅に出る」と決めた当初は、ろくに目的地やルートすら決めていなかったのに、それでも行く先々すべてに於いて、意味があって、そこにさまざまな物語があって…。そうして今

僕らは旅の終わりにスサノオさんの兄であり、「伝説の三貴神」ツクヨミさんを祀る場所にいる。そして明日には、姉である最高神アマテラスさんの場所へ…

ス　導かれたような…じゃない。お前は確かな役割を持って、今日までずっと導かれてきてん

あ　……？そうなんですか？

ス　あぁ、もちろんや。俺もそう、今日まで出会ってきた神々もすべてそう。お前をとおしてなにかしら伝えたいことがあったから、さまざまな縁をつないで、お前を呼び寄せた。この旅はお前が、お前自身の成長とともに、伝えて来た物語であると同時に、神々が伝えたかった物語でもある

あ　…だとしたら、光栄です…

ス　信じろ。強く、強く、信じろ。神の導きと采配に一切の疑いを持たず、自分の意志で前に歩みながらも、神々の流れのなかに身を委ねていく。まるで、この旅がそうであったように。そうすれば、お前の人生はこれからも永遠に、八百万の神々の愛とともにあり続ける

あ　…分かりました。今ならその言葉もよく分かります。最初の一歩を踏み出すのはいつだって自分。それは確かに怖いことだけど、勇気を出して前に歩み出すことができたのなら、神々は必要なときに、必要な縁を際限なくつないでくれて、動き出す前には信じられなかったような、物語が目の前で繰り広げられ、やがてそのなかで成長していく自分とともに、次から次へと、新たな未来が流れるように、

最終章　最高神アマテラス

　広がり続けていく…。そうして同時に「おかげさま」の気
　持ちさえ、忘れることがなければ、神々の愛と支援は、終
　わることなく、永遠に続いていく
ス　…そうやな。そこまで分かっているのなら、もう俺から
　言うことはない。じゃあ、ツクヨミ兄やんに会おうか
あ　はい
そうして僕らは、月讀宮の前に立ち、参拝。

ペコリ、ペコリ、パンパン、ペコリ（二礼二拍手一礼）。
…そして…。

「伝説の三貴神」の一柱、月讀尊があらわれた。
ツクヨミ よく来られました…
ス ………
ツクヨミ この旅の道のり…。すべて…見ていましたよ
あ あ…、ありがとうございます…

緊張する僕に、月読さんはゆっくりと導くように質問をしてくれる。

ツクヨミ いよいよ旅も最後…とのこと…。今の心を聞きましょう…

あ …寂しい気持ちも当然あるのですが…、今この瞬間は、感謝の気持ちでいっぱいです。スサノオさん、小春、影狼…、今日までお会いさせて頂けた神さまたち…。たったひとつのご縁でも欠けていたら、今この瞬間はなかったですし、こんな心持ちにも、なれていなかったかもしれません

最終章　最高神アマテラス

ツクヨミ　そうですか…。よく頑張りましたね…

あ　ありがとうございます。でも、まだまだこれからだと思っています。これからの新たなる未来に向けて歩んでいくこと。そのことこそが、この旅を成し遂げることができた、本当の意味だと思っています

ツクヨミ　聞かせて…頂きましょうか…。その旅の成果を、そして、これからの「新たなる未来」というものを…

ツクヨミさんのその算問に対して、僕は答える。

あ　…僕は元々は、神さまというものは全知全能で、この世のすべてを司る絶対的な存在と思っていました…

ス　………

あ　でもこの旅を巡るなかで、スサノオさんや他の神々との時間を過ごして分かったこと。それは…

ツクヨミ　………

あ　「神さまもみんな生きているんだ」、ということでした

スサノオ　………

あ　神さまも必死に生きて、それぞれが悩み、迷いながら、それでも僕ら人間と同じように、時にもがき苦しみ、壁を乗り越え成長している。ときにそんな辛い思いを、僕ら人間にさせないために守ってくれていたり。時に神さまが抱えた同じ苦しみのなかにいる人間が、その壁を乗り越えるその瞬間を、涙を流し、歯を食いしばりながら、必死に見

395

えないところでいろんな縁をつなぎながら、「気づけ、気づいてくれ」と見守ってくれている。「八百万」という言葉のとおり、それぞれの役割のなかで、それぞれの人に寄り添い、成長し、時に笑い合い、時に喜び合い、時に悲しみを分かち合い、絶対に裏切ることのない、100％の愛の存在として、いつだって傍にいてくれる。神さまは、そんな友達や家族のような温かい存在なんだと、気づくことができました

ツクヨミ　…そうですか…。その答えに間違いはなく…。我々神々はいつだって人とともにあり、人々の魂の成長によって、我々も成長を果たしていく。そのために人々を守り、ただ愛し続ける。「八百万」、それぞれの神々がそれぞれの役割で、人を選ばず、時を選ばず…

あ　ありがとう…ございます…

ツクヨミ　それでは、その旅の成果を以て、次なる「新たなる未来」とは？

あ　…以前イザナギさんにお会いしたときに、イザナギさんが僕に言いました。「スサノオには本当の姿がある」と。今回の旅でのスサノオさんの行動、その背中、これまで古事記や数々の物語で、「荒ぶる神」として伝えられてきたこと、その一つひとつを振り返ってみて、僕なりにその答えが分かった気がしました

ツクヨミ　…聞きましょう…

あ　「八百万の神々」…。それぞれの神々に、それぞれの役

割があるとするのなら、僕は…

ス　………

あ　スサノオさんは、「家族愛」の神さまだったんだということに、気づくことができました。

ツクヨミ　…詳しく…聞きましょう…

あ　「大切な人を大切にすることが、どれだけの幸せと豊かさを自分自身にもたらしてくれるのか」、それはスサノオさんがこの旅のなかで、僕に何度も、何度も、その言葉と行動で、示してくれていたことでした

ス　………

あ　その言葉を軸に、スサノオさんの行動を振り返ってみました。そこから見えてきたこと、それは…、スサノオさんほど家族を愛した神さまはいないということです

ツクヨミ　聞かせてください…

あ　黄泉の国に縛られてしまった「母に会いたい」と嘆き続け、大海原の統治を放棄したことで、イザナギさんに叱責され、そのときに言い返した、「愛する者すら幸せにできない者が、どうして神を名乗れるのか」という言葉をはじめとして…

ス　………

あ　天岩戸開きのときには、高天原を治める姉の最高神アマテラスさんという存在に対して、八百万の神々が感謝をし

ていないと感じた。それでスサノオさんが狼藉を繰り返したことによって、アマテラスさんが身を隠した。それによって、はじめてこの世から「太陽」がなくなったことで、八百万の神々ははじめてその存在の大切さに気づかされ、一致団結をすることができた

ス　おい、それはよく言い過ぎやぞ

あ　大切な奥さんクシナダ姫を愛し続けたことに加え、行き場をなくしていた奥さんの両親を、自身の宮殿管理の任を与えたこと、須我の地での生活がある程度落ち着くと、最愛の母を追って「根の堅洲国（黄泉の国）」に住まいを移し、そこで自分の娘（スセリ姫）が連れてきた、まだまだ軟弱な神　オオクニヌシをこの国の王になるまでに鍛え上げた…。こう考えると…

ツクヨミ　………

あ　スサノオさんのすべての行動は、「家族愛」を軸に、成り立っているんだということが分かったんです。「家族への愛」を基本として、「大切な人（神）を大切にする」。やがてその愛し愛され、思い思われて…の輪がさらに広がって、その周囲の神々や辛い思いをしている神にも、人間にも、どこまでも大きな愛と優しさの輪を与えていける。それが…、「スサノオノミコト」という神の、本当の姿なんだということが分かりました

ツクヨミ　…そうですか…

最終章　最高神アマテラス

あ　だからこそ僕は…、これから先の「新たなる未来」を、家族を愛し、大切な方を大切にし続けた、スサノオさんとともに、身近な人を幸せにすることの大切さ、愛し愛され、思い思われ…。その輪を広げていくことの大切さを、そしてそれがいかにその人の人生を幸せにしてくれるかを、この身をもって、伝え続けていきたい。それが僕にとっての人生の役割だと、思っています

…。
……。
………。
…………。

ツクヨミ　やはり…スサノオが、あなたを選んだのにも理由があったのですね…
ス　ツクヨミ兄やん…、まぁそういうことや
ツクヨミ　あなたが語ってくれたすべての答え、見据えている未来。すべてに於いて、間違いはありません。安心しました。大きな使命を持って、これからもスサノオとともに未来へと歩いていってください
あ　…ありがとうございます…
ツクヨミ　我々「伝説」と言われている神々も、応援をしています

ツクヨミさんがそう言うと、突如として辺りが、一瞬にして

暗くなったような錯覚に襲われ…、

視界が戻ると、そこにはイザナギさんとイザナミさんが姿をあらわした。

あ えっ！？！？

ス ここ…月讀宮は、イザナギとイザナミも一緒に祀られているからな。まさか出てくるとは思わんかったけど…

イザナミ スサノオ、荒川さん…、よく…頑張りましたね…素敵な旅を…ありがとう…

イザナギ 私ができなかったこと、「大切なものを大切にする」…。その使命を託したいと思う。陰ながら応援をしている

ス フンッ、偉そうに言うな。まぁやるけどな。こいつ（荒川祐二）と一緒に。絶対にな…

…。

……。

最終章　最高神アマテラス

…………。
……………。

この旅のもうひとつの目的でもあった、「スサノオさんの本当の姿、その存在の意味」ということの答えと、偉大なる伝説の神々の応援を受けて、僕らの旅は、次でいよいよで本当の終わりを迎える。最高神アマテラスの待つ地へ。

…。
……。
…………。
……………。

…今日の最後に…。

あ　（…もしかしたら俺は今…、凄い場所にいるのかもしれない…）

…。

……。

………。

…………。

ス　お前、俺のこの絵いい加減になんとかせいや

あ　（笑）

□■□■□
今回登場した皇大神宮（内宮）別宮 月讀宮の紹介
皇大神宮（内宮）別宮 月讀宮
所在地：伊勢市中村町 742-1
交通アクセス：近鉄五十鈴川駅より徒歩 10 分
□■□■□

最終章　最高神アマテラス

新たなる未来へ

『神さまと友達になる旅』。

僕らは最後の地である、明け方の「伊勢神宮内宮　宇治橋前」にいた。どうしてもこの場所には、誰もいないときに来たかっ

た。
その思いが通じたのか、僕ら以外に境内に人の姿はなく、

時折吹く風は、僕らの身体を柔らかく包み込んでくれるようで、小さく鳴く鳥や虫の声は、この空間全体が「生きている」ことを、あらためて感じさせてくれるようだった。

人気のない静まり返った参道を、一歩一歩踏みしめるように、歩いていくなかで、ふとこの旅の思い出が甦る。
楽しかった。本当に楽しかった。

最終章　最高神アマテラス

今一番に思うことは、その一言だった。

神々の元気いっぱい躍動（やくどう）する姿に触れ、時に大きく笑い合い、喜び合い、時に怒鳴りあい、神々の知られざる真実に触れ、ともに心を痛め、ともに涙を流した。

それぞれの出会いのなかで、時に厳しく、時に優しく教えられ、僕も成長させてもらうことができた。その一つひとつが甦り、歩みを進める度に、僕は溢れる涙を止めることができなかった。「この旅に出て良かった」素直に、まっすぐな気持ちで、そう思えた。そして僕らはゆっくりと、歩みを進め、

最終章　最高神アマテラス

いよいよ最高神 天照大神の待つ、正宮（本殿）に向かう、最後の階段の前に来た。

ご神威が輝くこの先が、この旅の最後の地。そして「最高神アマテラス」が待っている場所…。

あ　………
ス　…行こか…

そうして僕らは、階段を一歩ずつ、一歩ずつ、上がっていった。そして鳥居を潜り、最高神アマテラスの鎮座する、正宮

に向かって参拝をした。そのときだった。

一瞬にして、まわりの景色が見えないほどの光に覆われる感覚に襲われ、まるで映画でも見ているかのように、周囲の景色がゆがみ、僕自身の身体すらもゆがみはじめた。
自分が自分であって、自分でない感覚。スサノオさんや小春、影狼の身体すらもゆがんでいき、やがてすべてが混ざり合って、「ひとつ」になる感覚。
かつてどこかで聞いたことがある、神、人間、動物や植物、空気や目に見えないものすべてまで、この地球の生きとし生けるもの、すべての魂がつながっていて、自分がすべてで、すべてが自分。その感覚を肌で明確に感じた、まさに、その瞬間だった。

最終章　最高神アマテラス

最高神 天照大神が僕らの前に姿をあらわした。

アマテラス　よく…ここまで来られましたね…
…言葉にできない「愛」とは、このことだろうか。
アマテラスの発する言葉、その慈愛に満ちた表情、その姿から射す光。そのすべてを感じているだけで、まるで母親に抱かれて眠りにつく赤ん坊のような、無限の安心感が僕の魂を包み込み、僕は自然と、偉大なる最高神の姿をまっすぐ見つめることができず、ただ頭を下げることしかできなかった。
自然にその目から、涙が溢れてきた。

ス　…姉ちゃん…
僕と同じように、まるで母親に甘える末っ子のような、表情を見せるスサノオさん。今まで見たこともない表情をするなかで、スサノオさんもまた涙を流していた。
これが遥か神の時代から、この国を護り続けてきた、最高神

というものだろうか。桁違いの神威に、僕もただただ、溢れ続ける涙を止めることができなかった。

アマテラス　スサノオ…良い方を見つけたのですね…。そしてまたこの現代に、素晴らしい使命を見つけました…
ス　姉ちゃん…ありがとう…ありがとう……

…僕も、「ありがとう」という言葉しか出なかった。感謝という言葉ですらもあらわされないような、次元を超えた大いなる「なにか」に出会ったとき、人はまさしくこんな心境に陥るのだろう。
そしてこの感情こそが、神とともに生きてきた、遥か古代の人たちが、神々に対して持っていた、「畏敬」という名の感情だったのかもしれない。
あ　ありがとう…ございます…

気づけば僕は搾りだすように、その言葉を発していた。そんな僕に、最高神アマテラスはゆっくりと微笑みかけ、まるで美しい鈴の音のように、魂に直接届く透きとおった声で、語りかける。

アマテラス　この旅の一部始終…すべて見ていましたよ…。よく…頑張りましたね…
あ　うっ…ううっ…
言葉を発しようにも、言葉が出ない…。

最終章　最高神アマテラス

そんな僕に、アマテラスが言う。

アマテラス　語らずとも、あなたの心の内は分かります…。悩み、迷いながらもこれまでの過去を歩んでこられたこと、そしてこれからも、スサノオとともに素晴らしい未来を歩もうとしていること…。すべて分かっています…。信じて…まっすぐに歩まれてください…。私たち、神々はいつでも見守っています…

あ　ありがとう…ござい…ます…

そしてアマテラスさんは、僕とスサノオさん、両方に語りかけるように、優しく、温かく、そしてゆっくりと言葉を発する。

アマテラス　永い、永い、命のつながりのなかで、私たち神々は人とともに、この世界を生きてきました…。人をなくして、神はなし…。私たち神々は、遥か古代より…、常にあなたがた…、人間とともにあったのです

あ　………

アマテラス　文明も発達しない時代のなかも…、戦乱の時代も…、悲しき時代も…、怒りの時代も…、発展の時代も…、平和な時代も…、その時々の感情をともに分かち合い、支え合い、喜び合い、涙し、時に出会い、別れ…。私たち神と人は、これまでの悠久の時を、ともに生きてきたのです…

あ　………

アマテラス　だからこそ今…、あなた様とスサノオが、まる
で旧来の友のように、そしてまた家族のように、お互いを
愛し、敬いながら、ともに歩まれている人と神の関係性…。
それこそがかつて人と神とが、手を取りあい、ともに歩ん
でいた、遥か昔の時代の面影…

あ　うっ…うっ…

アマテラス　あなた様とスサノオの歩む未来が、これからの
時代をつくっていくこと。後の時代に道標をつくっていく
ことになること。そのことを忘れずに、一歩ずつ、一歩ず
つ、大切に歩まれていってください…。人も神も…、連綿
と続く「命のつながり」を知って、はじめて本当の自分だ
けの使命に目覚めることができます…。自身の存在が、ど
れだけの過去に生きた、命の礎の上にあるのか…。そして
そこには、先人たちのどれだけの数えきれない苦労と思い
やりと、後の世代につないでいくための、全身全霊で生き
た「愛」があったのか…。その積み重ねの先に、なぜ今こ
こに自分の命が存在し、そして、この命をどう未来につな
いでいくのか…。そのことを考えたときに、はじめて自分
だけの「天命」に気づくことができます…

あ　ありがとう…ござ…います…

アマテラス　自身が一生懸命に生きるほど…、その先に生き
てくれた先人たち…、そしてこの世界を見守り続けてくれ

た神々の、愛に気づくことができます…。そうして次は、あなた様がより大きな愛の存在となって、後の世代のために、その命を輝かせてください…。そうしてともに歩んで参りましょう。私たち神々は…、いつだってあなたがた…、人とともにある…

…アマテラスさんがそう言うと、その場がなにも見えなくなるほど、真っ白に光り輝き、再び自分とまわり、すべての魂の境界線がなくなったような感覚に陥った。

アマテラス　生きとし生けるもの、そのすべての命と魂はつながっています…。あなたが私であるように、私があなた…。人が神であるように、神が人…。人と人、人と神、人と生きとし生けるもの…、そのすべての境界線を取り払い、目の前の人が自分であるように、人を愛し、信じている神が自分であるように、日々の振る舞いを律し、自然や動物が自分であるように、大切に慈しみ、日々を歩まれてください…。そして私も含め、神と人、生きとし生けるものすべてが手を取りあい…、ともに歩んでいける素晴らしい未来を…、これからもともに…

…最高神のその言葉が、僕の魂に深く、それでも優しく、温かく刻み込まれた。同時に射してきた、強い陽の光とともに、僕らは感覚を取り戻した。

一生忘れることのない最高神の言葉と、確かな未来への希望と実感とともに、…僕らの旅が終わりを告げた…。

言葉もなく、歩く帰り道。再び宇治橋から見た、五十鈴川には、山を越えて、燃え上がるような陽が昇っていた。

あ …終わり…ましたね…
ス あぁ…もう分かっているやろうけど…

最終章　最高神アマテラス

あ　これからが…はじまり…ですね
ス　そうやな、お前と出会えて良かった
あ　こちらこそ、ですよ。末永く、いや一生…よろしくお願い致します
ス　これから、やることが山積みやからな（笑）
あ　どんな未来も受け入れる覚悟です（笑）
ス　分かった。一生一緒に歩んで行こうな、相棒
あ　えぇ、こちらこそです

ス　そして、これを見てくださっている全国の皆さんも一緒に…
あ＆ス　これからも大きな未来へ、ともに歩んで参りましょう

伊勢神宮の鳥居を出て、振り返ったそこには、最高神アマテラスがどこまでも優しい微笑みで、僕らを見送ってくれていた。

まるで僕らの前途を見守ってくれているかのように。
そしてこれからの「未来」を、祝福してくれているかのように。
最高神はいつまでも、いつまでも笑顔で見送ってくれていた。

神と人、生きとし生けるものすべてが手を携えて、ともに歩める、素晴らしい未来を目指して。

そしてその先には、お互いに大切な人を大切にし合い、支え支えられ、守り守られ、思い思われ、愛し愛される。

そんな、優しき「愛の輪」が広がっていく。

そんな世界を目指して、僕らの旅はこれからも続いていく。
八百万の神々と、そして皆さんとともに。

最終章　最高神アマテラス

神さまと友達になる旅

完

おわりに

『神さまと友達になる旅』。

無事すべての行程を終え、僕らは今日、スサノオさんと僕が出会ったすべての「はじまりの場所」、荒川区の素盞雄神社にやって来た。

ここは、僕の人生を変えてくれた場所であり、僕にとっての「日本一のパワースポット」。

大好きな風鈴が並び、龍神も鎮座するこの場所を、小春も喜んでいた。そして「スサノオ」の名に負けない、荘厳(そうごん)な本殿にて参拝をする。

ペコリ、ペコリ、パンパン、ペコリ。(二礼二拍手一礼)
そしてあらためて、この旅の無事と成功に感謝して、御礼を

スサノオさんに伝える。

…。

……。

………。

…………。

ス　…まぁ、横におんねんけどな

あ　そうなんですけどね（笑）

ス　お前と出会って４カ月。まだたったの４カ月

あ　本当にあっという間でした。本当にありがたくて…。人生が本当にこんな短期間で変わっていくなんて、想像もしていなかったです…

ス　まぁなんと言っても…

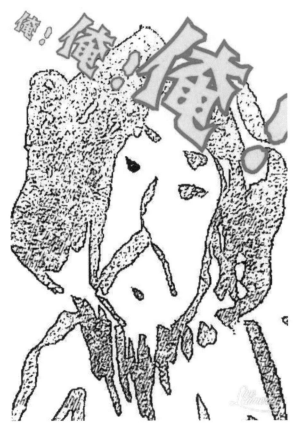

ス …やからな

あ （これがなかったらなぁ…）、まぁでも…、スサノオさん、本当にいつもありがとう

ス 「まぁ、でも…」ってなんや？

あ　（目ざとい…笑）

ス　まぁ何回も言うけど、まだまだ本番はこれからやで

あ　本当にそうですよね。やりたいことがいっぱい

ス　これからもお前と俺の日々は続いていく。その上で、忘れんといてほしいのは…

あ　？

ス　「お前の言葉は俺の言葉、俺の言葉はお前の言葉」、ということやねん

あ　…？なんですか、そのジャイアンみたいな言葉は

ス　「お前の物は俺の物。俺の物は俺の物」ちゃうわ。昨日アマテラスも言ってたやろ。「人は神であり、神は人である」って

あ　おっしゃってましたね

ス　この旅のなかでさまざまな神々が、お前というフィルターをとおして、たくさんあらわれて、さまざまなメッセージを届けてくれた。その一つひとつの神々の言葉も、そしてなにより、俺が今まで話してきた言葉、そして俺が今話しているこの言葉ですらも…

あ　…？

ス　「お前（荒川祐二）」というフィルターをとおして、この世にあらわれてきた言葉ということやねん

あ　…はぁ…

ス　少し違った観点から話をするな。俺たちが行ってきた神社には、多くのところに本殿に鏡があったと思う。ここもそう

あ …そうですね

ス なぜ神社に鏡があると思う?

あ なぜでしょうか…?考えたことなかったですね…。ご神体だから…?

ス 神社に鏡がある理由…。それは確かに、そこに神が降りるご神体であると同時に、アマテラスの言っていた、「人は神であり、神は人である」という言葉のあらわれでもある

あ …どういうことですか?

ス 鏡の前に人が立つとき、そこには誰が映る?

あ …その…人ですよね…

ス 「ご神体=神」にその「人」が映るということは?

あ 「人は神であり、神は人である」ということ…?

ス そう。そして、「かがみ」から「が」の言葉を取れば…?

あ 「神」になる…

ス そういうこと。鏡の前に立つ自分自身から、「我」とい

う穢れを取り去れば、それは「神」になるということ。それが「人は神であり、神は人である」ということの、ある意味の答えやねん

あ　………

ス　だからこれまで、「我」を取り去り、変な欲を出さず、俺たち神々と過ごす楽しい日々や、八百万の神と人との関係性の在り方を、ただ真摯な思いで伝えてきたお前だったからこそ、俺たち神々とお前は、ともに在れたということ

あ　…はい…

ス　お前がこれからも変な欲を出さず、「我」を取り去り続け、人々のために、真摯な気持ちであることができるならば、俺とお前はいつまでも一心同体。八百万の神々も、お前とともにあり続ける。そのことを忘れずに、これからも歩んでいってほしい

あ　…はい、よく分かりました…。本当によく分かりました…。ありがとうございます…

ス　絶対に変な気だけは起こすなよ。「僕が教祖様になる」とか、「荒川教、スサノオ教をつくる」とか、「開運スサノオグッズで金儲け」とか言い出した瞬間に、八百万の神々総出で祟ったるわ（笑）

あ　それも分かりました（笑）

ス　今までどおりでいいねん。変に肩肘張らずにな。今までどおり変わらず、「明るく、楽しく、元気よく」こそが、いつまでも変わらない神と人とが、ともに歩む道や。まぁここまで言ったら、もう十分わかったやろうし。新しい未

来へ行こうか

あ …スサノオさん、旅の最後に聞いてもいいですか？

ス なんや？

あ …どうして僕だったんですか？

ス …ん〜…、それも何回か言ってきたけど、俺とお前には共通点があり過ぎる

あ 氏神さんも、産土神さんも、ご祭神が「スサノオ」さんだったとか？

ス まぁそれもそうやけど、一番は、お前の「生まれと生き方」の部分かな。お前も20歳のときやったっけ？ダメ男な自分がイヤで、人生を変えたくて、殴られても蹴られても、ゴミ拾いをし続けたときの話とか。あれがヤマタノオロチを倒す前の、自分を認められないダメ男やったときの俺に被って、ちょっと助けてあげたくなった

あ …伝説になぞらえてもらえて恐縮です

ス 後は、お互い末っ子

あ そうですね（笑）スサノオさんは３きょうだいの一番下。僕は４人きょうだいの一番下

ス そうして末っ子であるがゆえに、家族が大好きで、どの行動も、いつも家族最優先

あ そう…なんですかね…（笑）確かに家族は好きですけど…

ス じゃないと、毎月先祖の墓を掃除したり、両親を好きな神社に連れてったりとかするか（笑）

あ いや、まぁそうなんですけど（笑）元々うちの両親、神社好きだったから

ス まぁそれが、お前の今の行動の深い部分での原点なんやろう。「親孝行が幸せの原点」とも言うからな。それはすごくええことやと思うんやで

あ だからスサノオさんも、ずっと母のイザナミさんを、大切にされているんですね

ス まぁ神であるか、人であるかは別として、時の経過の順番として、確かに弱っていく母と、反比例してしっかりしていく息子。それを息子が母の味方をして支えずに、誰が大切にしてあげんねんって話やん。うち父親（イザナギ）、あんなんやし

あ それはなんとも言えませんけど（笑）

ス まぁとにかくお前もこれまで、そんなふうに親やきょうだい、家族、友人…、そして、自分自身の従業員や取引先

もそう。身近な人を大切に思うその輪を広げてきたからこ
そ、俺は「こいつや」と思えたんやって

あ　…ありがとうございます

ス　だからこそ、これからもな、その俺たちの幸せの共通点
でもある、「大切な人を大切にする、大切さ」を、伝えて
いこう。そしてその先の未来を、ともに歩いていこう…。
その過程として、まだ大切な人が分からないという方がい
らっしゃったら、俺たちがそんな存在になれたり、またそ
の人にとっての、大切な人を見つけていくお手伝いも、で
きるならそれが一番いい

あ　そうですね。これも僕らの新しい未来ですね

ス　そうやな。たくさんの人が幸せになってくれるなら、そ
れが一番

あ　本当ですね。これからも素敵なご縁が、たくさん生まれ
ていきますように

ス　任せろ。なんと言っても、俺は「縁結びの神」でもある
からな

あ　ウソだ（笑）

ス　ドアホッ！！疑うなっ！！（笑）俺を祀ってる、島根の
八重垣神社行ってみぃ！！「縁結び」だらけやぞ！！俺は、
そこら辺の「オ」からはじまる、「縁結びの神」とは違うぞ。
なんと言っても、一途に運命の妻を愛し続けた、「縁結び
の神」やからな。「運命の人探し」は任せろ

あ　「そこら辺の」とか言わない。あの方（オオクニヌシ）は、

浮気はしても、ちゃんと「縁結び」はなさってるんだから（笑）

↑「オ」からはじまる、あの方。

ス　まぁなんでもええけど、これからもいろいろ教えたるから、ちゃんとお前も、人様の「縁結び」やれよ

あ　はーい（笑）

さまざまな未来への希望の種を持って、僕らの物語は続いていく。

『神さまと友達になる旅』　了

荒川祐二（あらかわ ゆうじ）

1986年3月25日生まれ

上智大学経済学部経営学科卒

作家・小説家としてこれまでにさまざまなジャンルの本を10冊上梓。2017年3月から、『神様と友達になる』というタイトルではじめたブログでは、日本の神さまの知識や物語を独自な切り口でコミカルに伝え続け、わずか半年で1日最高5万アクセス。月間アクセス100万を突破する大人気ブログとなる。

本作はそのブログのなかでの一番人気コンテンツであった『スサノオと日本の神を巡る旅』を基している。

これまでの著書に、『神訳 古事記』（光文社）、『半ケツとゴミ拾い』（地涌社）、『「あの時」やっておけばよかった」と、いつまでお前は言うんだ？』（講談社）がある。

荒川祐二オフィシャルブログ

https://ameblo.jp/yuji-arakawa/

神さまと友達になる旅

2018 年 1 月 20 日　初版 1 刷発行

著　　　者　荒川祐二

発 行 者　大森浩司

発 行 所　株式会社 ヴォイス 出版事業部
　　　　　〒 106-0031 東京都港区西麻布 3-24-17 広瀬ビル
　　　　　0120-05-7770（通販専用フリーダイヤル）
　　　　　☎ 03-5474-5777（代表）
　　　　　☎ 03-3408-7473（編集）
　　　　　03-5411-1939
　　　　　www.voice-inc.co.jp

印刷・製本　株式会社光邦

落丁・乱丁の場合はお取り替えします。
禁無断転載・複製
© Yuji Arakawa 2018 Printed in Japan.
ISBN978-4-89976-473-1　C0011

ヴォイスグループ情報誌
「Innervoice」
会員募集中！

1年間無料で最新情報をお届けします！（奇数月発行）

主な内容
- 新刊案内
- ヒーリンググッズの新作案内
- セミナー＆ワークショップ開催情報　他

お申し込みは ✉ **member@voice-inc.co.jp** まで
☎03-5474-5777

最新情報はオフィシャルサイトにて随時更新！！

📱 **www.voice-inc.co.jp/** （PC＆スマートフォン版）

📱 **www.voice-inc.co.jp/m/** （携帯版）

無料で楽しめるコンテンツ

🟦 **facebook はこちら**
☛ www.facebook.com/voicepublishing/

✉ **各種メルマガ購読**
☛ www.voice-inc.co.jp/mailmagazine/

グループ各社のご案内

- 株式会社ヴォイス　　　　　　　　　　☎**03-5474-5777**（代表）
- 株式会社ヴォイスグッズ　　　　　　　☎**03-5411-1930**（ヒーリンググッズの通信販売）
- 株式会社ヴォイスワークショップ　　　☎**03-5772-0511**（セミナー）
- シンクロニシティ・ジャパン株式会社　☎**03-5411-0530**（セミナー）
- 株式会社ヴォイスプロジェクト　　　　☎**03-5770-3321**（セミナー）

ご注文専用フリーダイヤル

📞 **0120-05-7770**

VOICE